Selbstbewusstsein

Das Trainingsbuch

Bettina Stackelberg

2. Auflage

So nutzen Sie dieses Buch

Die folgenden Elemente erleichtern Ihnen die Orientierung im Buch:

Beispiele und Übungen

Beispiele und längere Zitate aus dem Coaching-Alltag veranschaulichen das Gesagte.

Definitionen und Zitate

Hier werden Begriffe kurz und prägnant erläutert oder Zitate bekannter Persönlichkeiten bringen die Sache noch einmal auf den Punkt.

! Die Merkkästen enthalten Empfehlungen und hilfreiche Tipps.

Auf den Punkt gebracht

Am Ende jedes Kapitels finden Sie eine kurze Zusammenfassung des behandelten Themas.

Inhalt

Vorwort zur 2. Auflage

Drei Jahre sind vergangen, seit dieses Buch auf den Markt gekommen ist. Ich bin sehr dankbar und glücklich darüber, dass es zu einem der Bestseller der Reihe beck kompakt geworden ist! Das Thema spricht offenbar sehr viele Menschen an, ermutigt dazu, an sich zu arbeiten, zu lernen und sich weiterzuentwickeln. Es hat sich gezeigt, dass die Sache mit dem Selbstbewusstsein eher ein Frauen- als ein Männerthema ist. Zumindest haben mir deutlich mehr Frauen ihr Feedback geschenkt und ich wurde auch sehr viel mehr von Frauenzeitschriften zu „typischen" Frauenbelangen in puncto Selbstbewusstsein befragt.

Haben also Männer von Haus aus mehr Selbstbewusstsein? Oder beschäftigen sich Frauen einfach mehr mit diesen „Psycho-Themen" und gestehen es offener ein, dass sie hie und da Defizite und Schwierigkeiten verspüren? Jedenfalls zeigt mir das eines: Wir können und sollten voneinander lernen. Wir Frauen können von so manchem Mann lernen, erst einmal rotzfrech und selbstbewusst aufzutreten und laut „Hier bin ich!" zu sagen – das bringt oft nicht nur ein gutes Gefühl, sondern auch Erfolg. Und die Männer können von uns lernen, ein bisschen mehr dazu zu stehen, wenn sie unsicher und wenig selbstbewusst sind. Lernen wir also voneinander und wachsen wir mit- und aneinander.

Viel Erfolg und Freude damit!

Vorschläge zum Umgang mit diesem Buch

Selbstbewusstsein wird Ihnen nicht in die Wiege gelegt, es ist nicht in den Genen verankert – Sie können etwas tun dafür. Dieses Buch ist nicht nur ein Lesebuch, es ist vor allem ein Trainingsbuch. Fühlen Sie sich frei zu entscheiden, wie Sie mit diesem Buch umgehen:

- Sie können es diszipliniert Kapitel für Kapitel lesen.
- Sie können es aber auch erst ganz lesen und sich einzelnen Übungen, die ich Ihnen anbiete, intensiv widmen.

Spüren Sie, was Ihnen gut tut – niemand kann das so gut entscheiden wie Sie selbst. Machen Sie die Übungen schriftlich – vielleicht besorgen Sie sich ein schönes Notizbuch zum Thema „Mein neues Selbstbewusstsein!".

Die Übungen bauen nicht zwingend aufeinander auf. Entscheidend ist es, dass Sie sich ein wenig mehr mit sich beschäftigen – sich Ihrer selbst mehr bewusst werden. Das ist Selbstbewusstsein im eigentlichen Sinne des Wortes:

Sich seiner selbst bewusst sein.

Sie werden mehr über sich erfahren, über die Wurzeln Ihres Selbstbewusstseins, Ihre Stärken und Schwächen, Ihren ganz persönlichen Weg hin zu mehr Selbstbewusstsein. An vielen Beispielen aus meiner Coaching-Praxis sowie aus zahlreichen Leserzuschriften zur 1. Auflage werden Sie sehen, dass Sie nicht alleine sind mit Ihren Zweifeln und Fragen – finden Sie Antworten. Dieses Buch begleitet Sie ein Stück auf Ihrem Weg hin zu mehr Selbstbewusstsein – machen Sie den ersten Schritt.

Was ist Selbstbewusstsein?

Definitionen und Meinungen

Was bedeutet für Sie der Begriff „Selbstbewusstsein"? Was fällt Ihnen spontan ein?

> ***Beate, 37 Jahre, Coaching-Klientin, sagt mit ehrfürchtigem Blick und leiser Stimme:***
>
> *„Also, meine Kollegin, die ist echt selbstbewusst. Die sieht toll aus, hat keine Figurprobleme, ist super erfolgreich, bei allen beliebt, der Chef spricht Projekte immer als Erstes mit ihr durch. Außerdem hat sie schon zweimal eine Gehaltserhöhung bekommen. Ja, und dann lernt sie noch nebenbei Russisch, macht dreimal die Woche Sport und hat zwei Kinder. Und jede Form von Stress steckt sie ganz locker weg. Die kann wirklich nichts erschüttern!"*

Der Beste, Erfolgreichste, Schönste – ist das selbstbewusst? Warum eigentlich? Schauen Sie sich doch das Wort mal genauer an:

Selbstbewusstsein – sich seiner selbst bewusst sein.

Nicht mehr und nicht weniger ist Selbstbewusstsein für mich: Ich bin mir meiner selbst bewusst. Ich kenne mich aus mit mir selbst, kenne meine Stärken und Schwächen und habe Frieden geschlossen mit ihnen, fühle mich wohl in meiner Haut. Ich habe mich mit mir beschäftigt, mit meinen Wurzeln, meinen Eigenschaften, meinen Vorlieben.

Dann bin ich selbstbewusst. Und nicht erst, wenn ich die Schönste, der Erfolgreichste, Schnellste, Beste bin.

Nach dem Philosophen Immanuel Kant entsteht Selbstbewusstsein „durch Beobachtung und Reflexion des eigenen Ich“.

Das Gute an dieser Sichtweise ist doch auch, dass die Ziele nicht gar so hochgesteckt sein müssen. Jeder Schritt zählt! Viele Coaching-Klienten machen sich anfangs ihr Leben dadurch schwer, dass sie fast Unmögliches von sich verlangen. Sie wähnen sich erst dann am Ziel, wenn sie alle in die Tasche gesteckt haben – wenn sie in der Tat **alles** erreicht haben, selbstbewusster als alle anderen sind – vorher sind sie nicht zufrieden. Das ist mächtig anstrengend!

Warum muss ich gleich ganz besonders selbstbewusst sein? Es ist doch bereits ein erster wichtiger Erfolg, wenn ich in dieser oder jener konkreten Situation ein wenig selbstbewusster reagiert habe. Das macht mich stolz, das beflügelt mich und spornt mich an, mich neuen Zielen zuzuwenden. Plötzlich realisiere ich: Ich schaffe es! Dann traue ich mir immer mehr zu. Der Weg zu mehr Selbstbewusstsein ist ein Prozess – ein Weg von vielen kleinen und größeren Schritten.

Renate, 43 Jahre, Teamassistentin:

„Wissen Sie, bei der letzten Sitzung unseres Projektteams hat sich mein Kollege schon wieder so in den Vordergrund gedrängt und immer nur von seinen tollen Ideen gesprochen. Das hat mich, wie immer, ziemlich geärgert. Doch diesmal hab ich mich endlich mal getraut, ihn freundlich, aber bestimmt nach einer gewissen Zeit zu unterbrechen und zu erklären, dass ich auch noch zwei Ideen habe und dazu auch schon recherchiert habe. Er war baff – aber alle hörten mir zu. Das war ein tolles Gefühl, das werde ich mir merken!“

Steve de Shazer (1940–2005), amerikanischer Psychotherapeut und Begründer der lösungsfokussierten Kurzzeittherapie hat die „Wunderfrage" entwickelt – eine Möglichkeit, aus dem Problemzustand probehalber hinauszukommen und in den Zielzustand zu gelangen. Verwenden Sie diese Methode – ich habe sie für unsere Zwecke leicht abgewandelt – für Ihre Zielfindung:

Übung: Wunderfrage

Sorgen Sie dafür, dass Sie ungestört sind und setzen Sie sich bequem hin. Schließen Sie die Augen, atmen Sie tief durch und werden Sie ruhiger und ruhiger.

Ich möchte Ihnen jetzt eine ungewöhnliche Frage stellen. Stellen Sie sich vor, Sie legen sich heute Abend ins Bett und schlafen ein. Und während Sie heute Nacht schlafen und es ganz ruhig ist, geschieht ein Wunder. Das Wunder besteht darin, dass Ihr Problem mit dem Selbstbewusstsein gelöst ist. Sie sind auf einmal genau so selbstbewusst, wie Sie es sich wünschen. Allerdings wissen Sie nicht, dass das Wunder geschehen ist, weil Sie ja schlafen.

Wenn Sie also morgen früh aufwachen, was wird dann anders sein? Woran merken Sie, dass Sie plötzlich selbstbewusst sind? Und woran merken Sie es außerdem? Was hat sich verändert? Spüren Sie es vielleicht sogar körperlich – wenn ja, woran (vielleicht hat sich Ihre Atmung verändert oder Ihre Haltung)? Achten Sie auf jede Kleinigkeit – spüren Sie ganz genau hin. Würde es noch jemand außer Ihnen bemerken – wenn ja, woran? Machen Sie sich anschließend zu dieser Übung Notizen.

Mehr Selbstbewusstsein – die richtigen Ziele

Fortschritte können wir dann besonders gut einschätzen, wenn wir uns Ziele gesetzt haben. Welche Ziele haben Sie zum Thema Selbstbewusstsein? Wahrscheinlich sagen Sie jetzt: Ich möchte einfach ein bisschen selbstbewusster werden! Stimmt's? Reicht das als Ziel? Ich meine: nein. Und ich sage Ihnen auch, warum. Ein gut formuliertes Ziel sollte mehrere Kriterien erfüllen:

Effektive Zielformulierung

Formulieren Sie konkret!

Nehmen wir das Beispiel: „Ich möchte selbstbewusster werden!".

Woran merken Sie, dass Sie dieses Ziel erreicht haben? Schwierig zu beantworten, nicht wahr? Es ist zu schwammig formuliert. Und die Gefahr bei zu ungenau formulierten Zielen ist: Wir können schummeln!

Je konkreter formuliert, desto besser. Also ist vielleicht dieses Ziel für Sie das Richtige:

„Ich möchte endlich meiner Kollegin im Büro offen sagen können, dass mich das von ihr stets geöffnete Fenster stört. Es zieht und mir ist kalt."

Oder auch: „Das nächste Mal, wenn sich meine Freundin spät abends am Telefon bei mir ausweinen will, sage ich ihr freundlich und bestimmt: Es passt im Moment nicht, melde dich bitte morgen Nachmittag noch mal!"

Formulieren Sie positiv!

Was „hört" Ihr Unterbewusstsein bei dem Ziel: Ich möchte nicht mehr so schüchtern sein! – Was glauben Sie?

Genau! Der Begriff „schüchtern" steht nach wie vor im Fokus. Unser Unterbewusstsein arbeitet manchmal sehr einfach: Es versteht Verneinungen nicht. Ich möchte nicht mehr rauchen! Ich will nicht mehr so dick sein! Ich möchte nicht mehr immer gleich losweinen! Bei all diesen Formulierungen steht genau das noch im Scheinwerferlicht, was Sie loswerden wollen. Was wollen Sie *stattdessen*?

Formulieren Sie positiv und setzen Sie dadurch das ins rechte Licht, was Sie wollen. Also: Ich möchte freier atmen können und gesünder leben! Ich bin schlanker und beweglicher! Ich kann souverän in schwierigen Situationen reagieren.

Oft ist es am Anfang gar nicht so leicht, sich diese „Was soll stattdessen sein?"-Frage zu beantworten. Zu präsent, zu gewaltig ist noch das in unserem Bewusstsein, was uns das Problem macht. Daher ist allein diese Umformulierung schon ein erster wichtiger Schritt weg von der Problem- und hin zur Lösungsorientierung!

Denken Sie realistisch!

Frustrieren Sie sich nicht dadurch, dass Sie Ihr Ziel zu hoch hängen. Große Ziele können sehr motivierend sein – sie müssen aber in kleine Zwischenziele unterteilt werden. Aus der grauen Maus wird nicht über Nacht die strahlende Diva. Aus dem schüchternen Angestellten wird nicht morgen der souveräne Redner auf großen Bühnen. Das Ziel ist gut – aber es braucht kleine, überschaubare Zwischenschritte. Was kann ein erstes kleines realistisches Ziel sein? Eines, das Sie genügend motiviert, sich anzustrengen, das aber die Motivation nicht gleich wieder im Keim erstickt, weil es unerreichbar scheint.

Setzen Sie sich Termine!

Nicht nur Ihre Projekte in der Arbeit brauchen Termine, nicht nur die Seminararbeit hat einen Abgabetermin. Programmieren Sie Ihr Unterbewusstsein darauf, rechtzeitig mit der Arbeit zu beginnen, um zum gesetzten Termin auch fertig zu sein. Sonst ist die Gefahr des Schummelns wieder zu groß. Bis wann wollen Sie etwas erreicht haben? Bei welcher konkreten Gelegenheit wollen Sie sich mehr trauen? Anlässlich welchen Meetings wollen Sie mehr Durchsetzungsvermögen zeigen? Bei welcher Familienfeier wollen Sie eine Rede halten?

Zusammenfassend können Sie sich als Eselsbrücke für die richtige Zielformulierung den Begriff SMART merken: Ein SMARTes Ziel ist:

- Spezifisch
- Messbar
- Attraktiv
- Realistisch
- Terminiert

Mehr Selbstbewusstsein – konkrete Zwischenziele

Sie haben sich jetzt schon einmal durch die Wunderfrage in Ihren Wunschzustand hineinversetzt, haben erlebt, wie sich das anfühlt: mehr Selbstbewusstsein zu haben.

Übung: Formulieren Sie Ihre Ziele konkreter!

Entwickeln Sie ein erstes Ziel für mehr Selbstbewusstsein und machen Sie dies unbedingt schriftlich! Schriftliches ist konkreter und vor allem verpflichtender, da es schwarz auf weiß vor Ihnen liegt. Es dürfen ruhig mehrere Sätze sein, aber achten Sie darauf, dass sie klar und eindeutig sind. Lesen Sie die Sätze laut und beobachten Sie genau, ob sie stimmig für Sie klingen oder ob Sie über die eine oder andere Formulierung stolpern. Ändern Sie so lange, bis die Sätze passen. Sprache ist ein sehr wichtiges Instrument und sollte ein Spiegel Ihrer Gedanken sein. Halten Sie sich dabei an die Entwicklung SMARTer Ziele:

- *Seien Sie möglichst* **spezifisch** *– in welcher konkreten Situation möchten Sie selbstbewusster auftreten?*
- *Woran merken Sie, dass Sie Ihr Ziel erreicht haben, woran können Sie es* **messen** *(z. B. lautere Stimme, das Durchsetzen Ihrer Ideen beim Meeting etc.)?*
- *Ist dieses Ziel wirklich absolut* **attraktiv** *und erstrebenswert für Sie? Motiviert es Sie genügend mit allen Konsequenzen und überfordert es Sie nicht?*
- *Ist das Ziel für Sie* **realistisch***? Passt es zu Ihrer Person oder wollen Sie nur jemanden imitieren? Ist der Schritt vielleicht zu groß und muss noch unterteilt werden?*
- *Setzen Sie sich* **Termine***. Bis wann wollen Sie dieses erste Ziel erreicht haben? Zu welchem konkreten Anlass?*

Mit mehr Selbstbewusstsein wird vieles leichter

Wenn das Selbstbewusstsein wächst, ändert sich vieles in Ihrem Leben – sowohl in Ihrem Inneren als auch um Sie herum – in dem Bild, das sich Ihre Umgebung von Ihnen macht. Sie werden besser wahrgenommen. Die Menschen in Ihrer Umgebung können sich ein klareres Bild von Ihnen machen, da Sie Stellung beziehen, deutliche Worte sprechen, sich eindeutiger positionieren können.

Mit wenig Selbstbewusstsein haben Sie Angst anzuecken, zu sehr oder gar negativ aufzufallen. Da schwimmen Sie lieber mit im Strom, denken sich Ihren Teil und setzen alles daran, möglichst unauffällig zu sein. Sie bleiben für andere blass und ohne wirklich scharfe Konturen, werden vielleicht sogar übersehen.

Je mehr Selbstbewusstsein Sie haben, desto deutlicher können andere Sie wahrnehmen. Aus der grauen Maus wird dann vielleicht sogar der schillernde Paradiesvogel. Und wenn Ihnen das zu viel ist: Dann gewinnen Sie zumindest an Eindeutigkeit, Klarheit, Lebendigkeit in den Augen der anderen.

Lisa, 35 Jahre, selbstständige Grafikerin

„Ich bin seit vier Jahren selbstständig. Klar, anfangs will man erstmal Kunden gewinnen – egal zu welchen Konditionen. Ich hab also meine Leistung zu einem sehr geringen Preis angeboten. Dadurch kamen Kunden – so weit, so gut. Nur: Irgendwann hab ich gemerkt, dass ich mich nicht mehr wohl fühle in meiner Haut. Ja, ich hatte Kunden, die auch ein wenig Geld in die Kasse brachten. Aber irgend-

wann merkte ich: Diese Kunden wissen die wirkliche Qualität meiner Arbeit nicht zu schätzen – ihnen geht's in erster Linie um ‚Hauptsache, billig!'. Ich wurde frustrierter, und wenn ich frustriert bin, kann ich nicht mehr gut arbeiten. Also entschied ich mich dafür, endlich mal ‚Nein!' zu sagen. Ich wurde mutiger, setzte höhere Preise an und vertrat sie auf Nachfrage auch selbstbewusst. Ich weiß ja, dass ich gute Arbeit mache – jetzt mussten das nur noch die Kunden erkennen. Und das Ergebnis war erstaunlich: Die Kunden zahlten den höheren Preis! Ohne zu murren und fast immer ohne zu verhandeln. Die Lehre, die ich daraus ziehe: Das, was mir wichtig ist, wofür ich stehe, muss ich auch nach außen selbstbewusst vertreten. Das kostet am Anfang zwar ziemlich viel Mut – aber es lohnt sich! Ich bin erfolgreicher, verdiene mehr Geld, hab zufriedenere Kunden und bin selbst glücklicher!"

Also werden Sie mit mehr Selbstbewusstsein auch erfolgreicher. Ihr Chef übersieht Sie nicht mehr, weil Sie sich selbstbewusst in der Teamsitzung zu Wort melden. Das neue Projekt wird Ihnen übergeben, da Sie es sich zutrauen und dies laut sagen. Der Jobwechsel klappt jetzt, da Sie Initiativbewerbungen schreiben. Sie bekommen endlich die Gehaltserhöhung, weil Sie mit Ihrem Chef gesprochen haben. Sie haben den Mut, sich selbstständig zu machen. Sie erhalten mehr Anerkennung, Wertschätzung und Beachtung.

Und selbst wenn es den ein oder anderen Rückschlag gibt: Den nehmen Sie mit mehr Selbstbewusstsein gelassener hin. In Ihrem Inneren bewirkt nämlich Selbstbewusstsein auch eine Menge. Sie stellen nicht gleich alles infrage, wenn Sie einen Misserfolg einstecken müssen. Sie wissen, was Sie können und wozu Sie fähig sind. Wenn der andere das (noch) nicht weiß – sein Problem und nicht mehr Ihres! Wenn Sie jemand doof findet, weil Sie klar Ihre Meinung sagen und das nicht seine Meinung ist: Es macht Ihnen deutlich weniger aus, wenn Sie mehr Selbstbewusstsein haben. Sie wollen nicht mehr von allen geliebt werden, Sie halten es deutlich besser aus, wenn Sie mal jemand nicht mag: Sie entkommen der Harmoniefalle.

Die nötige Wertschätzung und den Ihnen gebührenden Respekt geben Sie sich in erster Linie selbst. Sie sind mit mehr Selbstbewusstsein lang nicht mehr so abhängig vom Wohlwollen anderer. Dadurch sind Sie sicherer, ruhiger, gelassener. Sie haben auf der einen Seite mehr Ehrgeiz, weil Sie wissen, was Sie können und wollen – Sie machen größere Schritte vorwärts. Auf der anderen Seite aber können Sie auch mal Ruhe geben, Ruhelosigkeit und Aktionismus bei sich selbst entlarven und mit dem zufrieden und glücklich sein, was Sie erreicht haben.

Ein stärkeres Selbstbewusstsein hat Auswirkungen auf Ihr gesamtes Leben:

- Sie selbst fühlen sich wohler mit sich selbst,
- sie schließen Frieden mit sich, mögen sich,
- stehen für Ihre Bedürfnisse ein.
- Im Beruf haben Sie größeren Erfolg, Sie trauen sich mehr zu,
- Sie werden mehr beachtet und Ihre Leistung wird besser gewürdigt.

Virginia Woolf hat einmal – wie ich finde sehr selbstbewusst – ihre Begeisterung über sich selbst so ausgedrückt:

„Spreche ich nur für mich, wenn ich sage, dass ich für mich selbst noch immer ein Gegenstand unerschöpflicher und faszinierendster Spannung zu sein scheine? – ein fortgesetzt ausbrechender Vulkan!"

Und auch Ihr Privatleben wird erfüllter sein: Mit mehr Selbstbewusstsein entscheiden Sie sich eindeutiger, was Ihnen wichtig ist im Leben und wer zu Ihnen passt. Sie wählen Ihre Freunde bewusster und klarer aus – Sie entscheiden selbst und lassen sich nicht mehr vereinnahmen und ausnutzen. Sie wissen, was und wer Ihnen gut tut und wer nicht. Sie erkennen, wer ein guter Freund auf Augenhöhe ist, wer auch mal für Sie da ist, wenn Sie ihn brauchen. Und Sie erkennen die Energie-Vampire – die Menschen, die sich bei Ihnen nur dann melden, wenn Sie etwas wollen von Ihnen, die Sie allzu oft als seelischen Mülleimer benutzen.

Hugo von Hofmannsthal (österreichischer Schriftsteller, 1874–1929) sagte einmal so schön:

„Älter zu werden heißt, schärfer zu trennen und inniger zu verbinden!"

Sie werden zum Bestimmer, zur Entscheiderin Ihres Lebens – Sie verabschieden sich von der Opferrolle, Sie sind nicht länger Spielball der anderen. Und Sie umgeben sich mehr mit Ihresgleichen – mit anderen selbstbewussten Menschen.

Übung: Welche selbstbewussten Menschen kennen Sie? Beschreiben Sie mal!

Wer fällt Ihnen spontan ein, wenn Sie an selbstbewusste Menschen denken? Menschen aus Ihrem Freundeskreis, aus der Familie, aus Ihrem Arbeitsumfeld, aber auch aus Politik, Kultur, aus der Öffentlichkeit?

Schreiben Sie's auf in Ihr Übungsbuch. Und schreiben Sie dazu, warum Sie diese Menschen als selbstbewusst empfinden: Woran machen Sie das fest, welche Eigenschaften, Verhaltensweisen, Aussagen dieser Personen wirken auf Sie selbstbewusst?

Und wenn Sie heute besonders gut drauf sind, dann machen Sie gleich noch die Übung für Fortgeschrittene dazu: Welche dieser Eigenschaften besitzen Sie auch – zumindest im Ansatz? Was haben Sie also mit bereits sehr selbstbewussten Menschen gemeinsam?

Diese Überlegungen sind sehr wichtig auf folgendem Grund: Sie merken dadurch, dass der Abstand gar nicht so groß ist – es ist machbar, auch für Sie! Also – schreiben Sie auf, was Sie alles an sich schon für selbstbewusst halten – bitte möglichst konkret: In welcher Situation, mit welchem Menschen, unter welchen Umständen sind Sie selbstbewusst und wie machen Sie das? Wie wirkt das auf andere? Wie geht's Ihnen damit?

Auf den Punkt gebracht

Seien Sie sich Ihrer selbst bewusst und versuchen Sie nicht, der Beste oder die Schönste von allen zu sein. Setzen Sie sich SMARTe Ziele und werden Sie mit mehr Selbstbewusstsein erfolgreicher, gelassener und zufriedener.

Die Wurzeln meines Selbstbewusstseins – wo kommt's her?

Erziehung und Prägung durch die Eltern

Prentice Mulford, (1834–1891), US-amerikanischer Journalist und Erzieher:

Lehre dein Kind niemals, gering von sich zu denken. Gewöhnt es sich, so zu empfinden, so werden auch andere sich gewöhnen, es niedrig zu achten, jetzt das Kind, später den Mann. Lehre dein Kind, nur Erfolg zu träumen und zu erwarten. Langandauernde Erwartung dieses Erfolges bringt Ursachen, Mittel und Wege zu diesem Erfolg.

Warum ist der eine selbstbewusst und der andere nicht? Warum hat die eine große Mühe damit, sich selbst zu behaupten und für ihre Bedürfnisse einzustehen und der anderen fällt es so leicht?

> *Monika, 52 Jahre, Coaching-Klientin:*
>
> *„Beate, eine Freundin von mir, ist schon wirklich ein Phänomen: Die Frau sieht nicht sonderlich gut aus, hat einen ziemlich öden Teilzeitjob und wohnt in einer kleinen dunklen Zweizimmerwohnung. Es gibt viele in unserem Freundeskreis, die deutlich mehr erreicht haben. Aber Beate strotzt vor Selbstbewusstsein. Sie hadert nicht, sondern packt ihr Leben an, genießt es in vollen Zügen, meistert Krisen vorbildlich und ist immer mit tollen Tipps und Hilfe zur Stelle.*

Eine andere Bekannte dagegen, deutlich erfolgreicher, hübscher und besser gestellt, ist ständig am Zweifeln: ‚Bin ich gut genug? Hab ich das richtig gemacht? Die andere ist doch viel hübscher! Die anderen haben bessere Ideen.' Ist doch seltsam, oder? Woher kommt das?"

Ja, woher kommt das? Sicher haben Sie sich diese Frage auch schon einmal gestellt.

Ob wir nun 25 oder 56 Jahre alt sind – wir alle haben Wurzeln: unsere Eltern. Die Wissenschaftler streiten darüber, inwieweit wir unseren Charakter und unser Wesen genetisch vererbt bekamen oder ob wir durch die Erziehung unserer Eltern und die Umwelt geprägt wurden. Sicher ist, dass wir, bewusst oder unbewusst, von unseren Eltern viel mit auf den Weg bekommen haben. Sie haben uns erzogen, haben uns mitgegeben, was ihnen wichtig war an Werten und Ansichten. Sie haben uns aber auch unbewusst das mitgegeben, das wiederum sie selbst von ihren Eltern mitbekommen haben – eine lange Tradition also.

Ist dann alles festgelegt!? Haben wir also entweder Glück gehabt, dass unsere Eltern uns ein gesundes Selbstbewusstsein mitgegeben haben – oder eben Pech gehabt?

Nein! Sicher – viele hätten das gerne, sage ich jetzt mal ganz provokant. Ich erlebe immer wieder Seminarteilnehmer oder Coaching-Klienten, die sich schulterzuckend zurücklehnen und sagen: „Tja, da kann ich nix machen – ich hab eben eine schlimme Kindheit gehabt!" oder „Meine Eltern haben mir gesundes Selbstbewusstsein nicht vorgelebt!"

Stopp! So leicht können wir es uns nicht machen. Einmal schlechte Kindheit – immer Opfer!? So funktioniert das nicht.

Aus familientherapeutischer Sicht kann ich sagen: Hier, im Elternhaus, liegen sicherlich die Ursachen, nicht aber die Gründe, all dies lebenslang so aufrechtzuerhalten. Das Elternhaus ist eine Erklärung, aber keine Entschuldigung. Damit würden wir es uns zu bequem machen: „Ich würd ja gern, aber ich kann ja nicht!" Nein! Kommen Sie raus aus der Opferrolle, bewegen und verändern Sie etwas aktiv in Ihrem Leben.

Es gibt in der Therapie eine goldene Regel: Wenn ich mich nicht mit meiner Herkunft und meiner Geschichte auseinandergesetzt habe, bleiben mir nur zwei Möglichkeiten, mein Leben zu gestalten: Entweder ich kompensiere oder ich re-inszeniere. Kompensation bedeutet in diesem Fall: Ich mache alles genau anders als meine Eltern. Reinszenierung heißt: Ich mache es ganz genau gleich wie meine Eltern.

Erst wenn ich mich mit meiner Erziehung, meinen Wurzeln bewusst beschäftigt habe, eröffnen sich mir alle Möglichkeiten zwischen diesen beiden Polen. Erst dann steht mir die ganze Bandbreite an Möglichkeiten zur Verfügung, alle Farben zwischen Schwarz und Weiß. Ich kann dann z. B. bestimmte Wertvorstellungen meiner Eltern übernehmen, weil ich sie gut finde, und andere ablehnen.

Wichtig scheint es mir außerdem zu verstehen, dass unsere Eltern nicht „schuld sind". Auch sie haben Eltern, haben Geschichte, haben uns in der Regel nichts absichtlich angetan. Wir Coaches gehen davon aus, dass hinter jedem

Handeln eine sogenannte „positive Absicht" steht. Dies ist m. E. ein konstruktiver Ansatz.

Schuldzuweisungen helfen nicht weiter. Wem ist damit gedient, wenn ich „den Schuldigen" gefunden habe? Deshalb schmerzen die Wunden immer noch. Mit dem Thema Schuld beschäftigt sich die Justiz – und das zu Recht. Für unsere eigene Weiterentwicklung hilft es jedoch nicht, linear nach dem Anfang des Leids zu suchen und es darauf beruhen zu lassen. Was uns aber weiterbringt, wenn wir uns mit unserer Geschichte auseinandersetzen: Wir verstehen uns besser. Wir verstehen, warum wir so denken, fühlen und handeln, wie wir es tun. Wir verstehen, warum wir in bestimmten Lebensbereichen Schwierigkeiten haben, während uns anderes so leicht von der Hand geht. Der Prozess, sich mit seiner eigenen Geschichte auseinanderzusetzen, ist spannend, erkenntnisreich, manchmal schmerzhaft und mühsam, aber auf jeden Fall ein guter Weg zu mehr Selbstbestimmung, Freiheit und auch zu mehr Selbstbewusstsein! Denken Sie dran: sich seiner selbst bewusst sein – das bedeutet auch: sich seiner Geschichte, seiner Wurzeln bewusst sein.

Sie können sich auf diesen Prozess natürlich unterschiedlich intensiv einlassen: Das geht von „hin und wieder mal ein wenig drüber nachdenken" über die intensive Beschäftigung mit den Fragen hier im Buch bis hin zu Coaching und Therapie. Entscheiden Sie selbst! Bestimmen Sie selbst Tempo und Intensität und lassen Sie sich dies von niemandem vorschreiben. Manchmal ist es noch nicht an der Zeit – und dann ist die Zeit irgendwann reif dafür. Sie werden es merken. Wenn Sie zu einer intensiven Beschäftigung mit Ihren Wurzeln noch keine Veranlassung sehen, wenn es

Ihnen noch zu heikel ist – lassen Sie es! Wichtig ist in erster Linie, dass Sie eine bewusste Entscheidung treffen: Ja, ich schau mir meine Geschichte an. Oder: Nein, es ist noch nicht an der Zeit. Oder sogar: Es passt alles, ich brauche das nicht. Noch mal: Wichtig ist nicht in erster Linie, *welche* Entscheidung Sie treffen – es ist wichtig, *dass* Sie eine Entscheidung treffen. Diesen Satz werden Sie von mir in diesem Buch noch öfter hören, denn: Er ist wichtig! Immer und immer wieder.

Sie müssen nicht Ihre gesamte Vergangenheit anschauen, dieses Buch kann auf keinen Fall therapeutisch wirken – das ist Sache von Psychoanalytikern. Und es geht auch nicht um umfassende Vergangenheitsbewältigung und schon gar nicht um bloßes Zurückschauen. Es geht darum, sich selbst besser zu verstehen. Ich kann mich besser verstehen, wenn ich den Ur-sprung meines Wesens kenne, mich damit auseinandergesetzt habe. Wenn ich mehr verstehe, kann ich aktiv entscheiden, welchen Weg ich gehen will. Durch die Beschäftigung mit meiner Vergangenheit kann ich die Gegenwart besser verstehen und die Zukunft bewusster gestalten.

Hier soll es hauptsächlich darum gehen herauszufinden, was Sie zum Thema Selbstbewusstsein von Ihren Eltern mit auf den Weg bekommen haben, und zwar in zweierlei Hinsicht: Was haben Ihre Eltern Ihnen bewusst zu diesem Thema vermittelt und was haben Sie Ihnen vorgelebt?

Übung: Was fällt Ihnen zum Thema Selbstbewusstsein ein, wenn Sie an Ihre Eltern denken?

Nehmen Sie sich Ihr Buch und fangen Sie an, zu schreiben. Auch wenn Ihnen im ersten Moment nichts einfällt. Neh-

men Sie sich Zeit. Schreiben Sie einfach los – schreiben Sie ruhig ein paar Mal den Satzanfang „Zum Thema Selbstbewusstsein haben mir meine Eltern mitgegeben …" Es ist wichtig, dass Sie in einen Schreibfluss kommen – ungefiltert, unmittelbar. Lassen Sie Ihr Unterbewusstsein sprechen!

- *War Ihr Vater selbstbewusst Ihrem Empfinden nach? Woran erkennen Sie dies?*
- *War Ihre Mutter selbstbewusst Ihrem Empfinden nach? Woran erkennen Sie dies?*
- *Was würde Ihr Vater antworten, wenn ich ihn fragen würde, ob seine Tochter/sein Sohn selbstbewusst ist?*
- *Was würde Ihre Mutter antworten, wenn ich sie fragen würde, ob ihre Tochter/ihr Sohn selbstbewusst ist?*
- *Wie wichtig war/ist Ihrer Einschätzung nach Selbstbewusstsein im Wertesystem Ihrer Eltern?*

Beobachten Sie auch, welche Gefühle eventuell beim Schreiben aufkommen: Ärger, Unsicherheit, Wut, Trauer? Bewerten oder analysieren Sie nicht – beobachten Sie nur.

Unsere Eltern, unsere Erziehung und unsere Umwelt – alles prägt uns und prägt auch unsere Sicht der Welt.

Es gibt ja nicht *die* eine Wahrheit über die Welt: Selbst bei so vermeintlich objektiven Kriterien wie „Heute ist es warm draußen" gehen die Meinungen sehr weit auseinander. Es gibt nicht *die* Wahrheit, es gibt nur verschiedene subjektive Wahrheiten. Und jeder von uns hat deshalb auch seine ganz individuelle Meinung über sich selbst – und auch dies ist von früher geprägt:

Unsere Glaubenssätze

Glaubenssatz:

Der Begriff kommt aus dem NLP (= neurolinguistisches Programmieren) und leitet sich vom englischen Wort „belief" ab: Ein Glaubenssatz ist der sprachliche Ausdruck von etwas, an das jemand glaubt, was jemand für wahr hält. Glaubenssätze sind unsere festen Überzeugungen über uns und die Welt.

Glaubenssätze helfen uns (vermeintlich), uns in der Welt zu orientieren und erleichtern uns scheinbar vieles. Sie sind sehr häufig gekennzeichnet durch Verallgemeinerungen wie z. B. „Ich bin *immer* so schüchtern" oder „Ich kann meinem Kollegen *nie* Paroli bieten".

Glaubenssätze dienen, solange wir uns nicht bewusst mit ihnen auseinandergesetzt haben, als Wahrnehmungsfilter. Wir sehen die Welt durch die Brille der Glaubenssätze. Wir sorgen (unbewusst) dafür, dass diese Wahrheiten immer wahr bleiben, die „sich selbst erfüllende Prophezeiung" (self-fulfilling prophecy) tritt in Kraft.

So funktioniert die self-fulfilling prophecy

Ein Beispiel – vielleicht kennen Sie es ja: Sie haben den festen Glaubenssatz „Ich bekomme nie den richtigen Mann! Immer wieder ziehe ich die Nieten!"

Wie durch Zauberhand passiert es, dass dieser Satz sich immer wieder bewahrheitet! Sie lernen einen Mann kennen, verlieben sich, merken, dass er nicht der Richtige ist und ... peng! Sie wussten es ja! Sie bekommen nie den richtigen Mann und ziehen immer wieder die Nieten.

Glaubenssätze schränken ein, sie verbauen uns den Weg zu Handlungs- und Denkalternativen. Wir kommen gar nicht auf die Idee, dass vielleicht viel mehr möglich ist, dass wir viel mehr schaffen können als angenommen. Glaubenssätze schaffen ein Schwarz-Weiß-Denken und legen fest: Es ist so und nicht anders. Basta!

Glaubenssätze wirken ewig – so lange, bis Sie sie bewusst ansehen und gegebenenfalls verändern. Wir haben unsere Glaubenssätze im Laufe unseres Lebens gebildet – völlig unbewusst. Entweder sind es „Wahrheiten", die wir von unseren Eltern und durch unsere Erziehung über uns gelernt haben oder es sind von uns verallgemeinerte Erfahrungen: Weil ich vielleicht zweimal in Bewerbungsgesprächen über die Maßen nervös war, bilde ich den Glaubenssatz: „In Bewerbungsgesprächen bin ich immer schrecklich nervös!"

Sobald in diesen Sätzen ein „immer" oder ein „nie" auftaucht, wird es gefährlich: „Nie" schränkt uns ein, schließt andere Möglichkeiten von vornherein aus. Und „immer" ist ein ewiger Antreiber, der mit der Peitsche hinter uns steht und keinerlei Ausnahmen zulässt. Ab dem Moment, ab dem mir meine Glaubenssätze bewusst sind, kann ich sie ändern.

Genauso haben sich im Laufe der Zeit bei jedem von uns auch Glaubenssätze zum Thema Selbstbewusstsein gebildet:

- Meine Schwester ist viel selbstbewusster als ich.
- Die Kollegen können immer viel selbstbewusster ihre Meinung vertreten im Meeting.

- Ich konnte noch nie selbstbewusst aufzählen, was ich im Job alles kann.
- In unserer Familie sind die Männer immer schon selbstbewusster gewesen.
- Erst wenn ich viel selbstbewusster bin, finde ich den richtigen Mann.
- Nein, nein, selbstbewusst bin ich wirklich nicht.

Wer sagt das? Wo steht das geschrieben? In welchen Stein ist das gemeißelt? Wer legt das fest? Soll das immer so bleiben!?

Treffen Sie eine klare Entscheidung

Tun Ihnen solche Sätze gut, bestärken und unterstützen sie Sie? Oder schränken diese Sätze Sie ein, behindern sie Sie sogar? Sie können Ihre Glaubenssätze verändern – fangen Sie jetzt damit an!

Holen Sie in der folgenden Übung Ihre Glaubenssätze über sich selbst einmal aus dem Unterbewusstsein hoch ins Bewusstsein.

Übung: Meine Glaubenssätze

Wie immer: Holen Sie sich Ihr Buch hervor, sorgen Sie für ungestörte Ruhe und beginnen Sie zu schreiben – kommen Sie in den Schreibfluss. Welche Glaubenssätze haben Sie über sich? Beginnen Sie einfach ein paar Sätze untereinander mit Anfängen wie „Ich muss immer …", „Ich konnte noch nie …", „Ich bin immer so …", „Bei Herausforderungen im Beruf bin ich immer …", „Wenn ich mich verliebe, dann kann ich nie …" Und was Ihnen sonst noch so ein-

fällt. Filtern Sie nicht, werten Sie nicht – schreiben Sie! Schreiben Sie untereinander, ohne sich jeden Satz danach gleich durchzulesen. Ergänzen Sie zu ganzen Sätzen. Schreiben Sie, solange Ihnen spontan Sätze einfallen.

Haben Sie ein paar Ihrer Glaubenssätze identifizieren können? Wie fühlt sich das an, wenn Sie sie lesen? Welche Gedanken und Gefühle tauchen auf? Ich erinnere mich noch gut daran, als ich das erste Mal meine Glaubenssätze aufgeschrieben habe: Beim Durchlesen wurde ich wütend und traurig zugleich. Das waren sehr starke Gefühle. Je länger ich schrieb, desto mehr fiel mir ein – es war schon ein wenig erschreckend.

Machen Sie sich bitte immer wieder bewusst: Diese Glaubenssätze sind keine zementierten Wahrheiten – Sie können sie ändern oder gar loslassen. Zum „Loslassen" später mehr.

Das Schwierige an diesen Glaubenssätzen ist auch, dass sie wie unerbittliche Antreiber oder Bremser fungieren:

- Die Sätze mit „immer" treiben voran – wir müssen immer wieder dafür sorgen, dass sie wahr sind. Wir kreieren uns unbewusst immer wieder die Umstände, damit wir mit einem „Hab ichs doch gesagt!" den Glaubenssatz manifestieren.
- Die Sätze mit „nie" nehmen uns oft den Mut, Neues auszuprobieren und es uns vielleicht leichter zu machen. Sie verbieten uns quasi die Möglichkeit, dass es auch anders gehen könnte. Sie ersticken jeden Versuch bereits im Keim.

Klaus M., 52 Jahre, Geschäftsführer, Coaching-Klient:

„Dieses elende ‚Ich muss immer Erfolg haben und der Beste sein'! Diese Stimme in mir kommt mir oft vor wie so ein schwarz angezogener, strenger Feldwebel, der mir ständig mit lauter und scheppernder Stimme Befehle zubrüllt. Er steht mit böser Mine hinter mir und treibt mich ständig an, gnadenlos. Ich darf mir keine Pause, keine Schwäche erlauben, sonst brüllt er noch lauter!"

Manchmal sind Radikalmaßnahmen zu anstrengend. Bevor Sie sich also von einschränkenden Glaubenssätzen ganz und gar verabschieden, wandeln Sie doch Ihre Antreiber in „Erlauber" um:

Übung: Vom Antreiber zum Erlauber

Mildern Sie die Härte des Ihnen bekannten Glaubenssatzes ab! Werfen Sie als Erstes alle Formulierungen wie „immer" und „nie" hinaus. Und dann formulieren Sie in aller Ruhe so lange um, bis der Satz Sie nicht mehr unter Druck setzt oder behindert. Aus einem „Immer muss ich Erfolg haben!" könnte zum Beispiel werden: „Hin und wieder kann ich auch den anderen den Erfolg gönnen." Aus einem „Nie darf ich Schwäche zeigen!" kann werden „Manchmal darf ich auch schwach sein, das ist weniger anstrengend." Schreiben Sie eine Formulierung auf, lesen Sie sie, spüren Sie nach, wie sich der neue Satz anfühlt. Nehmen Sie sich Zeit und formulieren Sie so lange um, bis der Satz passt.

Wir haben festgestellt, dass wir unsere Glaubenssätze oft unbewusst durch unsere Erziehung/Eltern oder aufgrund von Erfahrungen, die wir verallgemeinert haben, geschaffen haben. Es gibt nicht *die* Wahrheit, es gibt nur subjektiv als wahr empfundene Wahrheiten. Wenn wir von unseren Eltern „Wahrheiten" als Glaubenssätze übernommen haben, wenn unsere Eltern uns ihr Wertesystem mit auf den Weg gegeben haben, gilt dies genauso.

Hier kann und soll es nicht um die therapeutische Aufarbeitung Ihrer Vergangenheit gehen. Manchmal ist diese wichtig, kann gut weiterhelfen im Entwickeln eines eigenen Lebensplanes, für die Loslösung von alten Mustern. Das ist dann aber ein längerer Prozess, bei dem Sie ein Coach oder Therapeut Ihres Vertrauens begleiten sollte.

Nur so viel am Rande dazu: Ihre Eltern sind nicht schuld an Ihren Glaubenssätzen. Schuldzuweisungen bringen Sie auf lange Sicht nicht weiter. Sicher, wir ärgern uns oft über das, was wir von unseren Eltern an Altlasten oder Vorstellungen mitbekommen haben, mit denen wir nicht einverstanden sind. Es belastet uns.

Weiter als Schuldzuweisungen bringt uns aber eine andere Sicht: Glaubenssätze haben in gewisser Weise eine Art von Tradition. Solange wir uns nicht bewusst damit auseinander setzen, „vererben" wir solche Sichtweisen quasi weiter in unserer Familie – unbewusst oder bewusst. Ähnlich wie die Tradition des Sonntagsbratens – auch wenn Sie in Ihrer Familie vielleicht sonntags viel lieber spät frühstücken und gar nicht zu Mittag essen wollen. Oder der Winterurlaub, der „immer schon" nach Hinterglemm zum Skifahren geht – obwohl Sie eigentlich inzwischen viel mehr Sehnsucht nach Sonne und Meer hätten.

Vielleicht kennen Sie das ja: „Die Frauen in unserer Familie standen schon immer in zweiter Reihe und waren nicht wirklich erfolgreich!" oder „Die Männer in unserer Familie haben alle studiert!". Wo steht das geschrieben, dass dies so sein muss? Wer hat dies festgelegt? Sehen Sie – all das sind tradierte Glaubenssätze, die nicht ewig Fortbestand haben müssen. Traditionen sind häufig immens wertvoll, das wissen wir: Sie geben einen sicheren Rahmen, ein klares Wertesystem vor.

Jean Jaurés, (1859–1914), französischer Philosoph:

„Tradition heißt nicht, Asche verwahren, sondern eine Flamme am Brennen halten."

Kraftvoll, hilfreich und unterstützend sind Traditionen aber nur, wenn wir uns bewusst für sie entschieden haben. Wenn wir unsere Familientraditionen beleuchtet, sie genau angesehen haben und uns dann dafür entscheiden – dann sind solche Traditionen gut für uns. Dann handeln und denken wir aktiv und eigenverantwortlich, sind die Bestimmer unseres Lebens und nicht ohnmächtiger Spielball.

Glücklich und erfüllt ist unser Leben, wenn wir es selbstbestimmt und bewusst leben können, wenn wir nicht gefangen sind in alten, falschen Traditionen und überholten Wertesystemen. Wenn wir in Dankbarkeit Frieden schließen können mit unserer Vergangenheit, unseren Wurzeln. Wir können und sollen uns ja nicht trennen von unseren Wurzeln, unserer Herkunft – das geht ja auch überhaupt nicht.

Zur Versöhnung, zum Frieden-Schließen gehört jedoch, dass wir genau hinschauen: Was tut mir gut, was unterstützt mich, was hilft mir – und was behindert mich, was schränkt mich ein, was erschwert mir mein Leben?

Sie haben sich ja nun bereits viel mit Ihren Glaubenssätzen beschäftigt: Sie haben Ihre Glaubenssätze gefunden und aus einigen Antreibern haben Sie Erlauber gemacht. Jetzt gehen wir einen Schritt weiter: Wir wollen herausfinden, welche Glaubenssätze nicht (mehr) zu Ihnen passen.

Übung: Welchen Glaubenssätze passen nicht (mehr) zu mir?

Nehmen Sie sich noch mal Ihre Liste mit den Glaubenssätzen. Nun lesen Sie diese Glaubenssätze in aller Ruhe durch und entscheiden Sie intuitiv, welche davon nicht Ihre sind: Welche Glaubenssätze sind eher die Sätze Ihrer Mutter oder Ihres Vaters – vielleicht kommen sie auch aus einer ganz anderen Ecke? Sie können sich dabei hundertprozentig auf Ihre Intuition verlassen – denken Sie also nicht zu viel darüber nach: Ihre Intuition ist direkt mit Ihrem Unterbewusstsein verbunden – und hier liegt das Wissen. Vertrauen Sie darauf!

Wenn Sie diejenigen Glaubenssätze identifiziert haben, die nicht die Ihrigen sind – entscheiden Sie nun ganz bewusst, ob Sie sich von diesen Glaubenssätzen trennen wollen. Solche Entscheidungen lassen sich oft gut verstärken durch Rituale.

Ein Ritual bedient sich „strukturierter Mittel, um die Bedeutung einer Handlung sichtbar oder nachvollziehbar zu machen oder über deren profane Alltagsbedeutung hinausweisende Bedeutungs- oder Sinnzusammenhänge symbolisch darzustellen oder auf sie zu verweisen. Indem Rituale auf vorgefertigte Handlungsabläufe und altbekannte Symbole zurückgreifen, vermitteln sie Halt und Orientierung.

Das Ritual vereinfacht die Bewältigung komplexer lebensweltlicher Situationen" (http://de.wikipedia.org/wiki/Ritual).

Wenn Sie sich zu etwas entschließen, sich etwas bewusst vornehmen und dies mit einer symbolischen Handlung unterstreichen, verstärkt sich in Ihrem Bewusstsein die Wirkung. Das hat nichts mit Hokuspokus oder esoterischer Zauberei zu tun. Durch eine Handlung machen Sie sich einfach das Vorhaben bewusster, das ist alles. Probieren Sie es einfach mal spielerisch aus, wenn Sie mögen, und lassen sich überraschen.

Übung: Lassen Sie belastende Glaubenssätzen los!

Nehmen Sie sich Zeit, sorgen Sie für ungestörte Ruhe. Schreiben Sie nun die Glaubenssätze, von denen Sie sich trennen möchten, jeweils einzeln auf Zettel – jeder Satz ein neuer Zettel. Lesen Sie sich diese Zettel noch mal genau durch, spüren Sie nach. Dann beschließen Sie ganz bewusst:

„Diese Sätze sind die Sätze meiner Eltern, es sind nicht meine. Ich verabschiede mich von diesen Glaubenssätzen, es sind jetzt wieder diejenigen meiner Eltern!"

Zur Verstärkung dieses Entschlusses nutzen Sie die Kraft der Elemente: Gehen Sie hinaus in die Natur und verbrennen Sie die Zettel, einen nach dem anderen, mit aller Ruhe und Achtsamkeit. Vielleicht sagen Sie etwas dazu „Ich verabschiede dich in Dankbarkeit" oder Ähnliches. Oder Sie übergeben die Zettel einen nach dem anderen klein gerissen dem Wasser. (Ein besonders gewissenhafter Coaching-Klient hat seine Zettel erst sehr klein gerissen, dann verbrannt und die Asche dann in den Fluss gestreut – sicher ist sicher!

Johann Wolfgang v. Goethe meinte zum Thema Traditionen:

„Altes Fundament ehrt man, darf aber das Recht nicht aufgeben, irgendwo wieder einmal von vorn zu gründen."

Entscheiden Sie sich dafür, dass Sie all dem Unterstützenden, dem Fördernden, dem Hilfreichen und Sicherheit-Vermittelnden Ihrer Geschichte in Ehren einen Platz geben in Ihrem Leben. Knüpfen Sie bewusst ein Band zu all den Generationen vor Ihnen, den Männern und Frauen, die hinter Ihnen stehen, Sie schützen und Ihnen Kraft geben. Und entscheiden Sie sich genauso bewusst dafür, sich von allem zu trennen, was Sie schwächt, einschränkt und behindert. Es liegt in Ihrer Hand und Ihrer eigenen Entscheidung!

Auf den Punkt gebracht

Unser Selbstbewusstsein hat seine Wurzeln in unserer Geschichte, bei unseren Eltern und in der Erziehung. Entdecken Sie diese Wurzeln und die damit verbundenen Glaubenssätze. Treffen Sie eine Entscheidung, welche „Wahrheiten" Ihnen nicht mehr guttun – verändern oder verabschieden Sie sie.

Meine Stärken – meine Schwächen

Wie mir schon am Anfang des Buches wichtig war klarzustellen: Selbstbewusste Menschen sind nicht unbedingt die, die vermeintlich die Schönsten, Erfolgreichsten, Stärksten und Strahlendsten sind! Auch selbstbewusste Menschen sind Menschen – ganz normale Menschen wie Sie und ich. Auch selbstbewusste Menschen haben Schwächen, nicht nur Stärken. Sie ärgern sich manchmal über ihre Schwächen, sie arbeiten daran. Auch diese Menschen wissen, dass zur Weiterentwicklung manchmal harte Arbeit gehört, einem nicht alles in die Wiege gelegt wurde oder vom Baum fällt.

Einer der Unterschiede zu Menschen mit weniger Selbstbewusstsein ist vielleicht folgender: Selbstbewusste Menschen wenden den Blick nicht ständig zu ihren Schwächen. Ihr „Ja!" zu sich selbst ist kein „Ja, schon irgendwie, aber ...". In der Psychologie spricht man von Ressourcen- oder Lösungsorientierung – statt Problemorientierung, Fülle-Denken, kein Mangel-Denken.

Selbstbewusste Menschen wissen, was sie können. Sie können selbstbewusst sagen: „Ja, auf diesem Gebiet bin ich verdammt gut!" – und zwar ohne arrogant zu wirken. Sie sind ausbalanciert, weil sie auch ihre Schwächen kennen und dazu stehen. Sie können sich realistisch einschätzen, wissen, wozu sie imstande sind und wo ihre Grenzen liegen.

Wir haben ziemlich häufig durch unsere Erziehung mit auf den Weg bekommen: „Sei bescheiden, fall nicht auf, gib nicht an, blühe im Verborgenen!"

Warum eigentlich? Es gibt nicht nur die beiden Extreme: Es gibt nicht nur Bescheidenheit bis zur Unkenntlichkeit auf der einen Seite und maßlose Arroganz und Angeberei auf der anderen Seite. Dazwischen gibt es unendlich viele Facetten. Warum haben wir oft solche Bedenken, klar und deutlich zu sagen „Ja, ich bin gut!"? Wir sollten viel öfter den Blick darauf richten (und ihn dort eine Weile ruhen lassen!), was wir gut können, was uns gelingt, worauf wir stolz sind, was wir geleistet haben.

Überlegen Sie einmal: Wenn Sie ein Bewerbungsgespräch hatten, wenn Sie einen Vortrag gehalten haben, wenn Sie im Teammeeting ein Statement abgegeben haben und ich Sie hinterher frage: Wie wars? Was antworten Sie? Fangen Sie mit dem an, was gut lief oder mit dem, was Ihrer Meinung nach schiefgelaufen ist?

Wenn ich für Unternehmen Kommunikations- oder Rhetorikseminare gebe, ist dies oft Thema: Die Teilnehmer halten z. B. Stegreifreden und danach geht es in die Feedback-Runde. Ich frage dann auch: „Wie wars?" Derjenige, der die Stegreifrede gehalten hat, legt los: „Also, ich hab gestottert, und dann hab ich den Faden verloren und Blickkontakt hab ich auch nicht gehalten."

Die allermeisten sind dann erstmal ziemlich vor den Kopf gestoßen, wenn ich dann schnell frage: „Und – was war gut?" Da müssen sie erstmal sehr viel länger überlegen, um auf überhaupt etwas zu kommen.

Wir sind von Kindheit an sehr darauf fokussiert, auf unsere Schwächen zu blicken oder auf die Fehler, das Unvollkommene. Was wird z. B. in der Schulaufgabe angestrichen – das Richtige oder die Fehler? Machen Sie doch einmal folgendes Experiment mit: Wenn Sie diese kurzen Rechenbeispiele lesen – was fällt Ihnen auf?

- 10 – 2 = 8
- 11 + 4 = 15
- 2 + 5 = 7
- 15 – 6 = 9
- 4 + 6 = 10
- 5 + 8 = 13
- 8 – 6 = 2
- 2 + 2 = 5
- 10 – 9 = 1

Na, was fiel Ihnen auf? Eine Rechnung ist falsch – nicht wahr!? Eben! Das ist Ihnen aufgefallen und nicht, dass acht Rechnungen richtig waren, nicht wahr?

Sie werden unabhängiger von der Meinung anderer und somit stärker, wenn Ihr Selbstbild gut ausgeprägt ist und Sie nicht so sehr auf das Urteil anderer angewiesen sind. Sie leben entspannter, wenn zwischen dem Selbstbild und dem Fremdbild – also dem Bild, das andere von Ihnen haben – kein allzu großer Unterschied besteht.

So sehe ich mich selbst – Selbstbild

Ein klares Selbstbild von sich zu haben bedeutet: Sich seiner selbst bewusst sein. Ich kenne meine Stärken. Ich kenne meine Schwächen. Ich weiß, was ich gut kann – ich weiß, was ich nicht so gut kann. Ich weiß, was ich gerne mache – ich weiß, womit ich Probleme habe. Ich weiß, dass ich sprachbegabt bin, aber kein Mathe-Ass.

So schaffen Sie sich eine starke innere Basis, auf die Sie bauen können. Sie kennen Ihre Stärken genau, können somit besser zu ihnen stehen und sind auch in der Lage, Ihre Grenzen realistisch zu beurteilen.

Und dies erstmal ganz neutral, aus der Beobachterrolle heraus, ohne Wertung. Es ist einfach so – als ob ich sage: Ich habe blonde Haare und blaue Augen. Es heißt erstmal nicht, dass ich ein gutes oder schlechtes Bild von mir selbst habe. Also: beobachten, ohne zu bewerten. Es ist nicht gut, es ist nicht schlecht – das realistische Selbstbild ist nichts anderes als der augenblickliche Ist-Zustand. So sehe ich mich.

Übung: Wie sehen Sie sich selbst?

Nehmen Sie sich wieder Ihr Buch heraus, sorgen Sie dafür, dass Sie eine Weile ungestört sind und schreiben Sie:

- *Wie sind Sie so? Wo liegen Ihre Stärken, wo liegen Ihre Schwächen? Welche Eigenschaften, Eigenheiten haben Sie?*
- *Wenn Sie dabei gleich einmal die Übung für Fortgeschrittene machen wollen: Schreiben Sie zehn Stärken von sich auf! Zehn! Nicht drei, nicht fünf – nein, zehn. Auf zwei oder drei kommen wir ganz schnell – aber auf zehn? Weiten Sie Ihren Blick dabei und schauen Sie nicht nur ins Berufliche: Was können Sie gut? Hobbys, Talente, Fähigkeiten! Los geht's!*
- *Was wollten Sie als Kind werden, welche Träume hatten Sie?*
- *Wofür „brennen" Sie, in welchen Tätigkeiten können Sie völlig aufgehen, vergessen Raum und Zeit?*
- *Was fällt Ihnen leicht, was können Sie immer wieder tun, ohne dass es anstrengend oder langweilig wird?*

- *Was macht Sie aus, was macht Sie besonders, was unterscheidet Sie von anderen? Was können Sie besonders gut, was können Sie nicht so gut? Wo liegen Ihre Stärken, Ihre Eigenheiten, Ihre Schwächen im Beruf – wo im Privatleben?*

Ganz wichtig bei dieser Übung: Nicht filtern, möglichst wenig nachdenken, einfach ungeordnet aufschreiben – ruhig komplett durcheinander –, was Ihnen in den Sinn kommt. Alles, was Ihnen einfällt, ist gut so und darf auf dem Papier stehen! Es geht nicht darum, ein besonders tolles Bild von sich zu zeichnen – schreiben Sie möglichst spontan und wertfrei alles auf, was Ihnen einfällt.

Ich weiß: Eine der schwersten Übungen ist das mit dem „beobachten, ohne zu bewerten". Aber genau darum geht es hier. Was ist der Ist-Zustand? Wie bin ich? Wie sehe ich mich selbst? Mit Bewertungen kommen schnell die Abwertungen und diese behindern mich, schränken mich ein. Versuchen Sie, beim „Ja!" zu bleiben und nicht ins „Ja, aber ..." abzugleiten. Wenn sich ein „Aber" einschleicht, sagen Sie laut „Stopp!". So, als ob Sie unbeteiligt im Zuschauerraum sitzen und sich auf der Bühne sehen. Sie schauen interessiert hin und sehen: „Aha, so ist diese Frau/dieser Mann also, interessant!"

Wichtig dabei ist mir auch Folgendes: Hier ist erstmal nur entscheidend, was *Sie* als Stärke für sich definieren – nicht unbedingt, was die Gesellschaft für eine Stärke hält. In Ihrem Team scheint die dominante Durchsetzungsfähigkeit die wichtigste Stärke zu sein? Dann ist vielleicht gerade Ihre diplomatische, ruhige Art ein wichtiger Gegenpol und die entscheidende Ergänzung. Sind Ihre Freunde hauptsächlich tiefgründige, ernsthafte Intellektuelle? Dann ist Ihre humorvolle Leichtigkeit vielleicht gerade das erfrischende Element in der Runde.

Keine Eigenschaft ist per se „schlecht". Es ist alles eine Frage der Dosierung, wie schon Paracelsus (Arzt, Mystiker, Philosoph, 1493–1541) sagte:

„All Ding' sind Gift und nichts ohn' Gift; allein die Dosis macht, daß ein Ding kein Gift ist."

Stolz ist gut – zu viel davon ist Arroganz. Zurückhaltung kann taktisch geschickt sein – zu viel davon ist lähmende Schüchternheit. Lebendigkeit ist gut – zu viel davon ist zu laut und aufdringlich.

Sicher, wir mögen diese Eigenschaft an uns mehr und jene weniger. Das ist ja auch völlig in Ordnung bis zu einem gewissen Punkt – nur so können wir uns weiterentwickeln. Wenn ich etwas an mir erlebe, was mir nicht gefällt, mich hindert, mich einschränkt: Dann habe ich die Wahl, es anzunehmen, weil es eben zu mir gehört – oder etwas daran zu ändern, dann kremple ich die Ärmel hoch. Erst das Mir-darüber-bewusst-Werden ermöglicht mir diese Wahl. Die Entscheidung liegt bei Ihnen – übernehmen Sie die Verantwortung. Und wenn Sie dann entscheiden: Nein, momentan ist mir das zu anstrengend/ist es nicht an der Zeit, etwas zu ändern oder: Es steht erst etwas anderes an – dann ist das auch völlig in Ordnung.

Entscheidend ist nicht unbedingt, dass Sie auf jeden Fall „die richtige" Wahl treffen – entscheidend ist, *dass* Sie überhaupt eine Wahl treffen. (Ja, diesen Satz finden Sie öfter in diesem Buch. Weil er wahr ist. Und immer wieder passt. Und es deshalb wert ist, ab und zu wiederholt zu werden.)

Wollen Sie etwas ändern oder (im Augenblick jedenfalls) nicht? Nur so bestimmen Sie selbst über Ihr Leben, nur so kommen Sie aus der passiven Opferhaltung à la „Das ist halt so, da kann ich auch nichts machen!" heraus. – Entscheiden Sie sich! Jetzt.

Sie haben sich jetzt damit beschäftigt, wie Sie sich selbst sehen. Wie sehen Sie denn die anderen?

Auf den Punkt gebracht

Konzentrieren Sie sich auf Ihre Stärken und stärken Sie sie. Beobachten Sie sich genauer, ohne sich sofort zu bewerten. So bekommen Sie ein realistisches Bild von sich, an dem Sie effektiv arbeiten können.

So sehen mich die anderen – Fremdbild

Selbstbewusste Menschen wissen meist, wie andere über sie denken. Sie fragen nach, holen sich für ihre Weiterentwicklung Feedback, es interessiert sie einfach. Gleichzeitig aber sind sie nicht abhängig davon, wie andere sie sehen. Es interessiert sie zwar, aber so sehr dann auch wieder nicht. Paradox? Nein, wieder einmal ein Fall von sowohl – als auch, nicht von entweder – oder.

Selbstbewusste Menschen nutzen für ihre Weiterentwicklung und ihren Erfolg die Informationen, die sie durch das Fremdbild (durch die Sicht der anderen) erhalten: Sie wissen zum Beispiel, dass sie als Experte in einem bestimmten Gebiet gelten – sie wissen aber auch, dass ihr Chef ihre Belastungsfähigkeit immer wieder infrage stellt, ihnen wenig zutraut. Sie gelten vielleicht als sehr gewissenhaft und fleißig, aber als nicht so teamfähig.

Auch hier gilt erst einmal: Das Fremdbild – wie mich also andere sehen – liefert mir Informationen. Es ist nicht gut, es ist nicht schlecht. Auch hier gilt wieder: Das ist der augenblickliche Ist-Zustand. Und zwar in den Augen des anderen – *seine* Meinung, die ich nicht unbedingt teilen muss.

Denken Sie daran: Es gibt nicht „das richtige" Bild von Ihnen. Es gibt subjektive Eindrücke – Ihr Chef hat ein Bild von Ihnen, eine Kollegin vielleicht ein ganz anderes und Ihr Partner sieht wieder völlig andere Seiten an Ihnen. Alle haben „Recht" – jeder hat seine Sichtweise. Aus den unterschiedlichsten Facetten kann sich für Sie ein Gesamteindruck bilden – so wirken Sie auf Ihre Umwelt. Es geht erst einmal nicht darum, ob Sie diesen Eindruck teilen, ob Sie dieses Bild gut finden oder nicht.

Ob ich an dem Bild, das die anderen von mir haben, etwas ändern möchte, das liegt einzig und allein in meiner Verantwortung. Wozu ich diese Informationen nutze – ob ich mich ärgere darüber, ob ich mich in meinem schlechten Selbstbild bestätigt fühle oder ob ich etwas tun will – es liegt an mir.

Und es liegt auch einzig und allein an mir, folgende Entscheidung zu treffen:

- Meine ich, allen Ansprüchen gerecht werden zu müssen?

- Habe ich das Gefühl, jedes Feedback, jeden ‚gut gemeinten Rat' sofort umsetzen zu müssen?
- Oder entscheide ich selbst, was ich ändern will?
- Bestimme ich das Tempo und das Ausmaß meiner Veränderungen?

Paula, Coaching-Klientin, Assistentin der Geschäftsführung, zweifache Mutter, 47 Jahre alt:

„ ‚Was sollen denn die Leute denken?' – das war ein Satz meiner Mutter, der lange Zeit mein Leben bestimmte. Es war mir enorm wichtig, bei allen Menschen in meiner Umgebung gut dazustehen: Mein Chef sollte mich loben, mein Mann von mir begeistert sein, für meine Kinder wollte ich die beste Mutter der Welt sein und außerdem noch die beste aller Freundinnen, Nachbarinnen, Kolleginnen.

Himmel – das ist auf Dauer ganz schön anstrengend. Im Laufe der Coaching-Sitzungen ist mir klar geworden: Es gibt eine Handvoll Menschen, auf deren Feedback ich großen Wert lege – und die frage ich einfach. Schließlich möchte ich mich weiterentwickeln. Ansonsten: Ich kann es nicht allen recht machen und lebe inzwischen nach meinen eigenen Maßstäben. Das macht mich glücklicher, unabhängiger und stärker!

Wissen Sie wirklich, wie andere Sie sehen? Oder *glauben* Sie es nur zu wissen? Hier gibt es viel Raum für Mutmaßungen, falsche Annahmen und Vorurteile. Der Blick der Kollegin wird schnell als abschätzig und kritisch angesehen – dabei runzelt sie vielleicht nur die Stirn, weil sie nachdenkt oder Kopfschmerzen hat. Wenn der Chef einen anderen Kollegen im Meeting lobend erwähnt, heißt das noch lange nicht, dass er mit *Ihrer* Arbeit nicht zufrieden ist. Ihr Mann liebt Sie sehr – *obwohl* er anerkennend der neuen Nachbarin hinterhersieht.

Hören Sie immer nur die Kritik heraus? Denken Sie, die anderen haben ständig etwas an Ihnen auszusetzen? Erwarten Sie vielleicht schon förmlich, dass es wieder etwas zu kritisieren gibt an Ihnen? Seien Sie ehrlich: Ist das Glas für Sie halb leer oder halb voll? Fühlen Sie sich durch negatives Feedback nur wieder bestätigt nach dem Motto „Ja, stimmt schon – ich kann das eben nicht. Das sag ich doch auch immer!"? Kommt es Ihnen gar nicht in den Sinn, das Positive in der Aussage des anderen zu sehen?

Dann geht es Ihnen tatsächlich wie der Mutter von Kevin, die Paul Watzlawick in seiner „Anleitung zum Unglücklichsein" erwähnt! Sie schenkt ihrem Sohn zwei Hemden, ein gestreiftes und ein kariertes. Um ihr eine Freude zu machen, zieht Kevin das Karierte gleich an. Seine Mutter sieht es, schaut betrübt und sagt traurig: „Ach, das Gestreifte gefällt dir wohl nicht?"

Sie haben die Wahl: Entweder glauben Sie ganz genau zu wissen, was andere von Ihnen halten. Dann kann ich Sie nur beglückwünschen! Dann lehnen Sie sich bitte entspannt zurück und hegen und pflegen Sie Ihre vorgefertigten Meinungen (verzeihen Sie mir bitte die Ironie!). Oder Sie fragen nach!

Wie wollen Sie sonst wissen, wie die anderen Sie sehen? Wie wollen Sie denn einen *realistischen* Eindruck davon bekommen, wenn Sie weiterhin die „Ich kann mir schon denken, was der über mich denkt!"-Platte im Kopf laufen haben? Fragen Sie die Menschen! Geben Sie ihnen die Chance, Sie vielleicht zu überraschen.

Paula, 24 Jahre, Service-Assistentin bei BMW:

Unser Chef ist so ein typisches wortkarges Nordlicht. Er wirkt immer sehr streng, lächelt selten, gibt nur kurze Anweisungen und ist dann schon wieder weg. Ich war im ersten Jahr in diesem Betrieb immer sehr verunsichert, weil ich ständig das Gefühl hatte, er ist mit meiner Arbeit nicht zufrieden – er schaute immer so streng – nie kam ein „Danke" oder ein persönliches Wort.

Nach dem Coaching traute ich mich endlich, ihn um Feedback zu bitten, wie er denn mit meiner Arbeit bislang zufrieden sei. Ich fiel aus allen Wolken, als er meinte: „Frau xy, es gibt nichts zu klagen, ich bin sehr angetan von Ihrem Engagement und Ihrer Professionalität. Weiter so!"

Gut, dass ich gefragt habe: Dieses Feedback motiviert mich jetzt viel mehr, ich habe mehr Freude an der Arbeit und bin deutlich selbstbewusster!"

Übung: Feedback holen

Entscheiden Sie zuerst in aller Ruhe, von wem Sie sich Feedback holen wollen. Fangen Sie entspannt an: Wer kennt Sie gut, wem vertrauen Sie, wer ist Ihnen wohlgesonnen? Wollen Sie mit der beruflichen oder der privaten Sichtweise beginnen?

Bitten Sie diese Person, sich die Zeit zu nehmen, Ihnen ihr Bild von Ihnen zu schildern – wie sieht diese Person Sie – wo liegen ihrer Meinung nach Ihre Stärken?

Holen Sie sich ruhig auch öfter von Ihrem Chef feedback – erstens hilft es Ihnen in Ihrer Weiterentwicklung, schließlich können Sie sich nur verändern, wenn Sie wissen, in welcher Hinsicht es angeraten wäre. Außerdem macht es einen aktiven und professionellen Eindruck. Trauen Sie sich! Sicher kommen spannende Dinge für Sie heraus!

Auf den Punkt gebracht

Holen Sie sich explizit immer wieder Feedback von anderen ein – nur so können Sie wissen, wie andere Sie sehen. Dieses Feedback ist die subjektive Sicht Ihres Gegenübers – entscheiden Sie selbst, welche Informationen Ihnen hilfreich erscheinen und welche nicht.

Stärken stärken – Schwächen schwächen

Indem wir unsere Schwäche bekennen, vermehren wir unsere Kraft.

Jean-Jacques Rousseau (1712–1778),

Selbstbewusste Menschen sagen „Ja!“ zu sich, sehen ihre Stärken genauso wie ihre Schwächen. Und sie wissen, was sie ändern wollen, in welchen Bereichen ihres Lebens sie sich weiterentwickeln wollen.

Wir schauen leider oft viel zu sehr auf unsere Schwächen: Was kann ich noch nicht, was können andere besser, wo habe ich noch Schwierigkeiten? Dies stelle ich ganz allgemein in unserer Gesellschaft fest, konkret merke ich das in Seminaren, im Coaching und in Gesprächen mit Auftraggebern. Es geht ziemlich häufig darum, was verbessert werden kann, wo Mitarbeiter noch nicht richtig „funktionieren", wo noch Sand im Getriebe ist, welche Fehler ausgemerzt werden müssen, was noch nicht rund läuft, wo Probleme herrschen, wer „schuld" ist.

Warum geht es so selten darum, welches Potenzial schon vorhanden ist? Was die Mitarbeiter bislang schon geleistet haben? Was schon verbessert wurde? Welche Fortschritte Menschen gemacht haben? Wie weit wir schon gekommen sind? Viele sagen, diese Sicht brächte niemanden weiter. Wir würden uns nicht weiterentwickeln können, wenn wir uns auf unseren Lorbeeren ausruhen würden.

Wer spricht denn davon? Warum gibt es immer nur entweder – oder? Es geht doch beides. Ich kann zufrieden sein mit meinen Stärken, ich kann stolz auf das sein, was ich geschafft habe und *trotzdem* den Ehrgeiz haben, noch besser zu werden, mich weiterzuentwickeln. Ich kann mich auch weiterentwickeln, an mir arbeiten wollen, ehrgeizig sein, obwohl ich meine Stärken in meinem Bewusstsein in den Vordergrund stelle!

Was glauben Sie – was macht Sie auf Dauer zuversichtlicher, stärker, selbstbewusster? Der ständige Blick auf Ihre Schwächen, auf das, was noch *nicht* stimmt, noch *nicht* vorhanden ist, was andere besser können? Das ist Mangel-Denken. Oder der Blick auf Ihre Stärken, auf das, was bereits vorhanden ist, was Sie wirklich können, wo Sie sich sicher sind? Das ist Fülle-Denken.

Wenn Ihnen klar ist, wo Ihre Stärken liegen, wenn Sie sich sicher sind, was Sie können – dann wächst auch Ihr Selbstbewusstsein. Sie werden selbst-bewusster, selbst-sicherer, Sie trauen sich mehr zu. Und mit einem größeren Selbstbewusstsein wächst auch der Ehrgeiz, sich danach mit den

Schwächen zu beschäftigen. Dann können Sie schauen: Wo möchte ich noch besser werden, was möchte ich noch lernen, welcher Herausforderung möchte ich mich jetzt stellen?

Übung: Erfolgstagebuch

Legen Sie sich ein Erfolgstagebuch bzw. ein Stärken-Buch an! Schreiben Sie zum Beispiel vier Wochen lang jeden Abend einige Minuten lang in dieses Buch, was Ihnen an diesem Tag gut gelungen ist. Es muss nicht viel sein, es muss nicht lange dauern – die Regelmäßigkeit ist entscheidend. Und es müssen keine Heldentaten sein: Vielleicht haben Sie ja nur der Verkäuferin ein herzliches Lachen entlockt oder von Ihrem Kind eine besonders feste Umarmung bekommen.

Wichtig: Achten Sie darauf, dass ausschließlich Gelungenes, Positives in diesen Berichten steht! Was hat geklappt, was ist gut gelaufen, wo zeigten sich Ihre Stärken? Nach Ablauf der vier Wochen lesen Sie nach – und staunen Sie!

Auf den Punkt gebracht

Sagen Sie uneingeschränkt „Ja!" zu sich selbst, ohne immer gleich ein „aber …" nachzuschieben. Verlieren Sie nie aus den Augen, was Sie bereits erreicht haben, wo Ihre Stärken und Ressourcen liegen. So können Sie dann auch souveräner mit Ihren Schwächen umgehen, zu ihnen stehen oder sie verändern.

Selbstbewusstsein im Beruf

Arbeitslosigkeit, Börsencrash, großer Konkurrenzkampf, Insolvenzen und Pleiten, Kündigungswellen und viel Druck und Zwänge im Beruf – unsere Arbeitswelt ist kein Zuckerschlecken. Überhaupt einen Job zu haben, der dann auch noch gut bezahlt ist und als Krönung noch Erfüllung, Entfaltung und Weiterentwicklung beinhaltet – eine schier unmögliche Mischung?

Kommen Ihnen diese Worte bekannt vor – lesen Sie sie vielleicht tagtäglich in der Zeitung, hören Sie sie in den Nachrichten und reden Sie so mit Ihren Kollegen? Was, glauben Sie, bringt Ihnen solch eine Denkweise? Jeder von uns weiß: Es ist nicht immer leicht, wir haben Ängste, wir stecken in Zwängen, wir können oft nicht so, wie wir wollen. Und hin und wieder ist es gut und wichtig zu klagen, mit anderen zusammen zu schimpfen auf die Umstände, auf die Wirtschaft, auf die Politiker. Ein Stück Psychohygiene – ab und zu.

Aber was bringt diese Denkweise auf Dauer!? Sie beschäftigen sich dann vor allem mit all dem, was nicht gut ist, was gerade nicht klappt, was alles zu Ihrem Glück fehlt. Und schon die Buddhisten wussten: Das, wo ich meine Energie hineinstecke, wird größer. Beschäftige ich mich also mit dem Mangel, wird der Mangel in meinem Bewusstsein größer.

Außerdem passiert noch etwas sehr Gefährliches: Sie geraten in eine aussichtslose Opferrolle. Die anderen und die Umstände sind schuld, Sie können ja nichts machen, haben Verpflichtungen und stecken in Zwängen – Sie fühlen sich ohnmächtig und als das Opfer. Sicher, für viele Menschen ist die Opferrolle die bequemere – da brauche ich nichts zu tun, muss keine Verantwortung übernehmen und die anderen sind schuld.

Wenn Sie aber selbstbewusst sind bzw. daran arbeiten, selbstbewusster zu werden, dann klappt das mit der Opferrolle nicht mehr so recht. Und das ist gut so. Weil zum Selbstbewusstsein untrennbar die Selbstreflexion gehört – Sie wissen ja: Sich seiner selbst bewusst sein. Und wenn Sie sich über Ihr Leben und Ihre Rolle darin Gedanken machen, kommen Sie schnell zu der Erkenntnis: Sie selbst können verdammt viel tun! Sie können es sich schöner, leichter, erfüllter machen! In kleinen Schritten, in gesundem Tempo ohne Gewaltakte und übernatürliche Heldentaten.

Kommen Sie in Ihre Kraft, werden Sie unabhängiger von den anderen, gestalten Sie selbstbewusst Ihr Berufsleben – fangen Sie an damit. Heute!

Selbstbewusste Menschen haben es leichter im Beruf – das überrascht Sie sicher jetzt nicht wirklich, nicht wahr? Wenn auch Selbstbewusstsein nicht das allein Seligmachende im beruflichen Umfeld ist, so ist es doch ein wichtiger Pfeiler. Es ist ein sicheres Fundament für Erfüllung im Beruf, für Erfolg und für Gelassenheit. Wieder einmal: Selbstbewusstsein im Beruf ist nicht angeboren, es fällt nicht vom Himmel – es liegt an Ihrer Entscheidung, tun Sie etwas dafür.

Meiner Meinung nach gehören sehr viele verschiedene Facetten zum Selbstbewusstsein im Beruf, auf einige davon möchte ich jetzt näher eingehen:

- Sie sind authentisch und beherrschen die verschiedenen Rollen.

- Sie wissen, was Sie wollen und stehen dafür ein – verabschieden Sie sich von falscher Bescheidenheit!
- Sie haben Mut zum „Nein!" und tappen nicht in die Harmoniefalle.
- Sie haben den nötigen Biss, reden Klartext.
- Sie übernehmen Verantwortung für Ihren Erfolg, für Ihre Erfüllung im Beruf.
- Und Sie wissen, dass Sie gemeinsam noch stärker sind – Sie beherrschen produktives Netzwerken.

Authentisch sein – so klappt's!

„Ich will so bleiben, wie ich bin!" – nicht nur ein Werbeslogan, sondern auch eine mögliche Überschrift über selbstbewusstes Auftreten im Beruf. Selbstbewusste Menschen müssen sich nicht verbiegen, nicht verstecken, sie können ohne Maske agieren.

Mit einem selbstbewussten Grundgefühl können Sie sich so zeigen, wie sie wirklich sind. Echt, authentisch, stimmig, glaubwürdig, wahrhaftig. Wenn Sie authentisch sind, spürt das Ihr Gegenüber, auch wenn er es vielleicht gar nicht mit rationalen Gründen belegen kann.

Außerdem belegen Studien, dass authentische Menschen auch erfolgreicher sind, weil sie nicht gegen ihre genetisch bedingte Persönlichkeitsstruktur angehen – ihr Verhalten stimmt vielmehr damit überein. Sie arbeiten also nicht ständig gegen sich, sondern sind im Fluss mit sich selbst.

Übung: Kennen Sie authentische Menschen?

Überlegen Sie mal: Welche authentischen Menschen kommen Ihnen in den Sinn? Bei wem haben Sie wirklich das Gefühl, er verstellt sich nicht, er trägt keine Maske vor dem Gesicht, er gibt sich wirklich so, wie er ist?

Wenn ich Führungskräfte coache, bekomme ich oft zu hören:

Peter, 46 Jahre, Abteilungsleiter in einem IT-Konzern:
„Authentisch sein – das klingt ja schön und gut und wäre auch toll. Ich würde mich gerne so geben, wie ich wirklich bin, ist bestimmt entspannter. Aber da sind noch die vielen verschiedenen Rollen, die ich beruflich spielen muss: den Kollegen, den Chef, den Coach, den Angestellten. Geht das denn zusammen – Authentizität und Rollen!?"

Ich behaupte: Ja, das passt zusammen! Es geht nicht darum, sich zwischen Authentizität und den verschiedenen Rollen zu entscheiden. Kein entweder/oder, sondern ein sowohl/als auch – wie so oft ist das der Königsweg.

„Nur" authentisch zu sein kann sich keiner im Job wirklich leisten. Das hieße ja, ich gebe jeder meiner Launen nach, weil – mir ist eben gerade so, das ist authentisch. Das würde heißen, ich nehme auf keinerlei Regeln und Konventionen Rücksicht, ich agiere ohne jegliches taktisches Geschick und kümmere mich nicht um meine Umgebung. Ausschließlich authentisch zu sein im Sinne von „stets 100%prozentig offen und ehrlich" ist unprofessionell, Punkt.

Wenn ich authentisch bin, sage ich das, was ich glaube. Das heißt aber noch lange nicht, dass ich all das, was ich glaube, auch sage. Dies wäre im Geschäftsleben sicher nicht immer klug.

Selbstbewusst *und* professionell authentisch zu sein bedeutet etwas anderes: Ich bleibe mir in meinen Grundprinzipien treu und muss meine Persönlichkeit nicht im Foyer meiner Firma abgeben. Ich kann in den Spiegel schauen. Im Großen und Ganzen kann ich mich in meinem Beruf gut verwirklichen und wiederfinden. Ich übernehme selbst die Verantwortung dafür, dass ich mich wohlfühle in meinem Job und mache das nicht nur von anderen abhängig.

Und zu all dem gehört auch, in verschiedene Rollen schlüpfen zu können, ohne sich zu verbiegen. Ich habe nun einmal verschiedene Rollen im Berufs- und Privatleben. Ich zeige sicherlich als Chefin eines Unternehmens andere Facetten als zu Hause als Mutter meiner Kinder. Diese Rollen kann ich selbstbewusst ausfüllen, ich muss sie nicht spielen. Dann bleibt es auch authentisch und unverfälscht.

Es ist selbstbewusst und taktisch geschickt, dem Chef nicht gleich meinen Unmut über das neue Projekt um die Ohren zu hauen. Ich will punkten und daher überlege ich erst einmal, ob ich dem Ganzen nicht doch noch etwas Gutes abgewinnen kann, welchen Lerneffekt ich aus dem Projekt für mich selbst ziehen kann. Daher nörgle ich nicht, auch wenn das in dem Moment vielleicht authentisch wäre.

Es gehört zu einer guten Führungskraft dazu, dass sie gemäß ihrer Rolle Zuversicht und Mut verbreitet und an ihre Mitarbeiter weitergibt – der Chef hat eine Vorbildfunktion und darf nicht jammern über die Wirtschaftskrise, auch wenn ihm vielleicht gerade danach zumute wäre.

Auch wenn ich am liebsten jetzt den Streit vom Zaun brechen möchte mit meiner anstrengenden Kollegin: Ich möchte nicht in die Rolle der Zicke gedrängt werden, also überlege ich mit taktischem und psychologischem Geschick, auf welchen guten Kompromiss ich mich mit ihr einigen kann.

Übung: Welche Rollen lebe ich im Berufsleben?

Nehmen Sie sich Ihr Buch zur Hand und überlegen Sie: Welche Rollen haben Sie inne in Ihrem Beruf und wie erfüllen Sie diese Rollen im Einzelnen? Kollege? Vorgesetzte? Auftraggeberin? Teammitglied? Assistentin? Projektleiter?

Wenn Sie Ihre verschiedenen Rollen gefunden haben, gehen Sie einen Schritt weiter: Beschreiben Sie sich in diesen Rollen. Welche Anteile Ihrer Persönlichkeit kommen in den unterschiedlichen Rollen zum Tragen? Wie verhalten Sie sich, welche Ihrer Kompetenzen und Facetten wirken dort besonders – wie würden die anderen Sie in dieser Rolle beschreiben? Wenn ich Ihre Kollegin, Ihren Chef, Ihre anderen Teammitglieder fragen würde, wie Sie denn so sind: Was würden sie mir antworten? (Sie wissen ja: Selbstbild und Fremdbild – es ist immer spannend, beides zu betrachten.)

Und machen Sie sich ein paar Gedanken dazu, welche Rollen Sie besonders mögen, welche nicht so sehr und warum? Welche Rolle haben Sie sich freiwillig ausgesucht und welche bedeutet für Sie eher Pflicht oder Zwang? Welcher Rolle möchten Sie in Zukunft mehr Raum geben, welche möchten Sie intensiver leben und welche verändern oder ganz aufgeben? Welche Facetten und Rollen sind Ihrer Karriere eher dienlich und welche sind zwar bequem, aber nicht wirklich effektiv?

Was hat all das mit Selbstbewusstsein zu tun? Wenn Sie Ihre Rollen gut kennen, dann haben Sie die freie Wahl: Wenn Sie sich bewusst dafür oder dagegen entscheiden, so trägt das zu Ihrer inneren Stärke und zum Selbstbewusstsein bei. Stehen Sie dazu, treten Sie für sich ein!

Bye-bye, Bescheidenheit! Raus auf die Bühne!

Sie erinnern sich? Wir haben uns bereits mit dem Thema Glaubenssätze beschäftigt. Welche Glaubenssätze haben Sie denn so zum Thema Bescheidenheit, Ehrgeiz, Eigen-PR? Kommt Ihnen vielleicht der eine oder andere der nachfolgenden Beispielsätze bekannt vor?

- „Eigenlob stinkt!"
- „Ich bin gut in meinem Job – das spricht sich dann schon mit der Zeit herum!"
- „Ich erledige meine Aufgaben gewissenhaft – das sieht der Chef dann schon!"
- „Nein, Protzerei und Angeben liegt mir nicht. Ich spreche nicht gern über mich!"
- „Ich hab das nicht nötig, diese Angeberei. Menschen, die ständig erzählen, wie toll sie sind, sind doch nur hohle Schaumschläger. Ich arbeite seriös!"

Na, wie sieht's aus? Erkennen Sie sich wieder? Sie sind gut in Ihrem Job, hoch qualifiziert, erfahren, fleißig, ehrgeizig. Schön! Wissen das auch alle? Glauben Sie, Ihr viel beschäftigter Chef hat den ganzen Tag nichts anderes zu tun, als nach Ihren herausragenden Fähigkeiten Ausschau zu halten? Oder – wenn Sie selbstständig sind: Meinen Sie, gute Leistung allein reicht, damit Ihnen die Kunden die Bude einrennen? Wird sich schon irgendwie herumsprechen? Meinen Sie, in der Teamsitzung genügt es, rasend kompetent auszusehen, damit Sie den Zuschlag für die Projektleitung bekommen? Die Antwort ist: Ihr Chef hat in der Tat sehr viel anderes zu tun, die Kunden finden Sie nicht, die Projektleitung bekommt ein anderer. Ist so. Machen Sie sich das klar!

> ***Was braucht man, um befördert zu werden?***
>
> *Führungskräfte bei IBM sind einmal gefragt worden, welche Kriterien dafür entscheidend sind, befördert zu werden. Wissen Sie, was dabei herauskam? Die pure Leistung ist nur zu 10 % – zu zehn (!!!) Prozent – für eine Beförderung verantwortlich. 90 % sind Kontakte, Beziehungen und Selbstdarstellung. Ob es Ihnen gefällt oder nicht – so funktioniert die Geschäftswelt.*

Verstehen Sie bitte den Unterschied zwischen Arroganz und Stolz: Sie sollen nicht wie ein arroganter Gockel umherstolzieren und jedem ungefragt von Ihren Leistungen nach dem Motto „Mein Haus, mein Boot, meine Karriere" erzählen. Aber als selbstbewusster Mensch können Sie stolz sein auf Ihre Leistung, Ihre Kompetenzen, Ihre Karriere und das können Sie auch kundtun. Taktisch geschickt, an der richtigen Stelle, dann, wenn es passt – den richtigen Menschen gegenüber, in angemessener Lautstärke.

Wichtig ist, eines zu verstehen: Wenn Sie die richtige Form von Eigen-PR für sich gefunden haben, wenn Sie sich mit ihr vertraut gemacht und ausprobiert haben, dann geht sie Ihnen irgendwann in Fleisch und Blut über. Sie geschieht dann quasi automatisch, authentisch und nebenbei. Sie läuft auf der Parallelspur in Ihrem Kopf immer mit, Ihnen fällt dann an passender Stelle bei den richtigen Menschen genau das richtige Maß an Eigen-PR ein. Und es wird Ihnen Spaß machen, es fällt Ihnen leicht und ist kein mühsamer Extrapunkt auf Ihrer To-do-Liste.

Wer souverän und selbstbewusst von seinen Leistungen erzählt, muss sich nicht wie ein Orang-Utan an die Brust schlagen und es hinausbrüllen. Kommunikation ist wieder einmal das Zauberwort. Sprechen Sie über Ihre Ideen, Ihre Leistungen, Ihre Erfolge. Nicht nur explizit zu dafür vorgesehenen Gelegenheiten – auch nebenbei: in der Kantine, abends auf der Party, beim Small Talk in der Kongresspause. Die Bühne muss nicht groß sein – es geht nicht um Hunderte von Zuhörern und zehn Scheinwerfer – das liegt nicht jedem und muss auch nicht sein. Das Meeting mit sechs Personen kann genauso die entscheidende Bühne sein.

Entscheiden Sie sich dafür, dass Eigen-PR für Sie etwas bringt, wichtig ist und zudem auch noch wirklich Spaß macht. Finden Sie die Leichtigkeit auszuprobieren, welche Art und Weise Ihnen besonders liegt und zu Ihnen passt. Spielen Sie, experimentieren Sie. Schaffen Sie Ihre eigene Marke, denn letztendlich ist gelungene Eigen-PR nichts anderes als eine gelungene Marketingkampagne für ein Produkt. Und Sie sind doch eine Marke, oder etwa nicht?

Gehen Sie strategisch vor: Nachfolgend finden Sie eine Liste mit Fragen, deren Beantwortung nützlich ist für einen guten Eigen-PR-Plan – bitte alles schriftlich! Sie wissen ja:

Schriftliches diszipliniert zur Genauigkeit und ist verbindlicher:

Checkliste: Strategie Eigen-PR	
Welcher nächste Schritt steht an in Ihrer Karriere? Welche neue Stelle, welche Beförderung, welche neuen Ziele in Ihrer Selbstständigkeit? (Denken Sie bei der Zielformulierung an die Punkte aus Kapitel 1: Mehr Selbstbewusstsein – die richtigen SMARTen Ziele) Schauen Sie sich auch unbedingt dazu Ihre Sehnsüchte, heimlichen Träume, verrückten Ideen an!	✓
Was verbessert sich für Sie alles, wenn Sie dieses Ziel erreicht haben? (Bitte finden Sie mindestens zehn Punkte! Dies scheint auf den ersten Blick mühsam, lohnt sich aber: Das Ziel wird dadurch noch attraktiver. Sie können auch Folgeerscheinungen nennen, z. B. durch höheres Gehalt verbessert sich außerdem …)	
Warum sind gerade Sie besonders dazu geeignet, diesen nächsten Schritt zu gehen? Welche Erfolge haben Sie schon erreicht? Welche Stärken und Kompetenzen qualifizieren Sie für die neue Stelle, den nächsten großen Auftrag, die Beförderung? Tragen Sie ruhig fürs Erste mal besonders dick auf, um sich hineinzufühlen in Ihre Stärken – es liest ja keiner! Think big! Sagen Sie Ihrem inneren Kritiker, er soll mal kurz die Klappe halten.	
Wessen Unterstützung brauchen Sie für diesen nächsten Schritt? Wer muss zustimmen, wer kann Ihr Mentor bzw. Förderer sein (er kennt Sie und glaubt an Sie, hört Ihnen zu und versteht Sie), wer hat wertvolle Informationen für Sie, wer hat welche Kontakte und Beziehungen, die Ihnen weiterhelfen können? Welche wichtigen Menschen müssen von Ihnen erfahren?	

Checkliste: Strategie Eigen-PR	
Welche „Bühne" eignet sich für Ihre Eigen-PR? Netzwerktreffen, Vorträge, Workshops, Hausmitteilungen, Meeting, Kongress, Messe, Pressemitteilung, Artikel in Fachzeitschrift, Blog, Internet Community (XING etc.), Radiointerview, Tag der offenen Tür, Anruf mit Bitte um Termin beim Chef, Kaffeetrinken mit Kollegen, aber auch private Bühnen wie Ausstellungseröffnung, Sommerfest, etc.? (Bitte erst einmal völlig ungefiltert sammeln! Je mehr Bühnen Ihnen einfallen, umso besser. Zunächst ist es völlig egal, ob Ihnen diese Bühne realistisch erscheint, ob sie mit Kosten verbunden ist etc.)	
Ganz wichtig: Auf welcher dieser Bühnen werden Sie sich wohlfühlen, bzw. fühlen Sie sich wohl, wenn Sie sie schon kennen? Dies ist ein ganz entscheidender Faktor! Wenn Ihr Kollege großen Erfolg mit Vorträgen hat, Sie sich aber kreuzunwohl fühlen dabei, hat es keinen Sinn. Wenn Ihre Freundin bekannt geworden ist durch ihr Buch, Sie aber keine Lust haben zu schreiben, hat es keinen Sinn. Sie müssen sich wohl und sicher fühlen, es muss leicht gehen. Immer wieder die Frage: Welche Bühne macht mir Spaß, wo fühle ich mich wohl, wo fällt mir ein Engagement leicht?	

Ein letzter wichtiger Punkt hierzu, denn auch hier gilt wieder einmal: Es ist häufig eher ein Frauenproblem, das mit dem Mut zur richtigen Eigen-PR. Ich nenne es gerne das „Veilchen-Problem"! Kennen Sie noch Poesiealben? Ich hatte als Kind noch eines, bunt gefüllt mit schönen Bildchen und vor allem „klugen" Lebensweisheiten wie zum Beispiel: „Sei wie das Veilchen im Moose: Bescheiden, sittsam und rein. Und nicht wie die stolze Rose, die immer bewundert will sein!"

Mit Verlaub: Himmel, was für ein Quatsch! Meiner Erfahrung nach haben gerade viele Frauen diese Haltung leider bestens verinnerlicht – immer hübsch bescheiden (und unauffällig!) bleiben. Dann ecke ich nicht an, gehe in der grauen Masse unter, hab meine Ruhe, werde aber eben auch nicht erfolgreich. Blöd, oder?

Deshalb mein Appell an Sie, meine Damen: Trauen Sie sich! Leben Sie ein Leben nach dem Motto, das ich kürzlich im Internet gefunden habe und dessen Version des Veilchen Themas mir sehr viel besser gefällt:

„Sei wie die stolze Rose: Selbstbewusst, glücklich und frei, und nicht wie das Veilchen im Moose, so dämlich, bescheuert und scheu."

Ein erster Schritt in diese richtige Richtung kann z. B sein, dass Sie endlich mal lernen, Komplimente einfach strahlend und mit einem fröhlichen „Danke!" auf den Lippen anzunehmen! Und nicht beim Kompliment zu dem hübschen Kleid reflexartig zu sagen: „Och, das ist ganz alt!" Oder ach so bescheiden und teamorientiert auf das Lob vom Chef zum gelungenen Projekt zu entgegnen: „Ohne mein Team hätte ich das nie geschafft, die waren genauso dran beteiligt!" Ja, mag ja sein. Aber trotzdem können Sie erst einmal das Lob oder Kompliment einfach annehmen. Bescheidenheit *kann* manchmal eine Zier sein, oft ist sie aber einfach nur dämlich und „weiter kommt man ohne ihr!".

Wenn ich gute Leistung abgeliefert habe, kann ich auch selbstbewusst dazu stehen. Und muss nicht jedes Mal gleich das Team und das halbe Universum mit einbeziehen. Wer soll Ihnen den Erfolg zutrauen, wenn Sie es selbst nicht tun?

Sheryl Sandberg, die Geschäftsführerin von facebook, hat 2011 vor Absolventinnen des Barnard Colleges gesprochen – wahre Worte, die ich Ihnen, meine Damen, auch ans Herz legen möchte:

„Erinnern Sie sich immer daran, dass Sie fantastisch sind! Lassen Sie es nicht zu, dass Ihre Sehnsüchte von Ihren Ängsten besiegt werden. Lassen Sie Hindernisse, denen Sie im Berufsleben begegnen – und es wird sie geben – äußerliche Hindernisse sein, keine innerlichen. Das Glück begünstigt die Mutigen. Sie werden nie erfahren, wozu Sie fähig sind, wenn Sie es nicht versuchen. (…) Fangen Sie damit an, nach den Sternen zu greifen. Gehen Sie nach Hause und fragen Sie sich vor dem Einschlafen: Was würde ich tun, wenn ich keine Angst hätte? Und dann tun Sie es!“

Raus aus der Harmoniefalle – Mut zum „Nein!“

> ### *Gehen Sie nicht in die Harmoniefalle!*
>
> *Die Kollegin Müller schaut fünf Minuten vor Ihrem Feierabend um die Ecke und flötet: „Kannst du mir mal schnell helfen? Die Abrechnungen müssten noch gemacht werden und ich will endlich mal pünktlich in Feierabend gehen.“*
>
> *Abteilungsleiter Meier betraut Sie im Team-Meeting zum dritten Mal in Folge mit der ehrenvollen Aufgabe des Protokollführens.*
>
> *„Jetzt komm schon, sei ein braves Mädchen – so, wie wir dich kennen!“ schmalzt Kollege Schulze mit dem riesigen Kopierstapel in der Hand, der gleich auf Ihrem Schreibtisch landen wird. Hallo?*

„Nein!" Sie wollen auch Feierabend machen.

„Nein!" Zweimal in Folge reicht, heute „darf" ein anderer Protokoll führen.

„Nein!" Kopieren kann auch der Praktikant. Oder?

Warum fällt es uns oft so schwer, hier selbstbewusst und eindeutig und ohne Schnörkel „Nein!" zu sagen? „Es tut mir leid, ich verstehe, dass es unbequem für dich ist, aber: Nein!"

Franz Josef Strauss, der ehemalige bayrische Ministerpräsident, soll einmal gesagt haben:

„Everybody's darling ist everybody's Depp!"

Hart formuliert, aber wahr! Finde ich. Was meinen Sie?

Ohne es zu sehr verallgemeinern zu wollen: Meiner Erfahrung nach ist das mit dem Harmoniebedürfnis eher ein Frauen- als ein Männerthema. Unsere Sozialisation und unsere Erziehung prägen solch ein Verhalten. Trotz aller Power und Gleichberechtigung gibt oft immer noch ein Stimmchen in uns Frauen – ganz tief drin – das uns das Ziel vorgibt: „Sei nett zu allen, dann haben dich alle lieb!" Der Mann ist der Sammler und Jäger, die Frau sorgt für die Gemeinschaft und kümmert sich um das Wohlergehen aller. Das war bei Herrn und Frau Neandertal so, das ist Stoff für viele Comedy-Sendungen und das sitzt auch heute noch fest im Unterbewusstsein vieler Frauen. Wenn Sie das erkannt haben, ist das schon der halbe Weg zur Lösung.

Denn das, was aus dem Unterbewusstsein hoch ins Bewusstsein gerät, kann bearbeitet und verändert werden.

Wie schon so oft in diesem Buch gilt auch hier wieder mein Vorschlag für Sie: Entscheiden Sie sich!

Es ist ja nicht wirklich verwerflich, von allen geliebt werden zu wollen. Es hat viele Vorteile, zweifelsohne. Aber es hat auch seinen Preis – und der ist oft hoch: mehr Stress, weil ich nicht „Nein!“ sage und mir alle Arbeit aufbürde. Keinen Raum und keine Zeit mehr für meine eigenen Bedürfnisse – was will *ich*, was tut *mir* gut!? Nie die Sicherheit, dass die Menschen mich mögen, weil ich so bin, wie ich bin – immer die Unsicherheit, ob sie nur nett zu mir sind, weil sie etwas wollen von mir.

Wenn Sie diesen Preis bewusst bezahlen, dann ist alles in Ordnung. Eine bewusste Entscheidung für die Harmonie kann auch eine gute Entscheidung sein. Sie wissen ja: Das Schlimmste ist nicht, vielleicht die falsche Entscheidung zu treffen (die können Sie ja jederzeit revidieren!) – das Schlimmste ist, *keine* Entscheidung zu treffen. Opferrolle, Ohnmacht, Spielball der anderen. Nicht gut! Ich weiß, ich wiederhole mich – zu Recht und mit Absicht!

Wenn Ihnen aber der Preis zu hoch ist: Springen Sie über Ihren Schatten, fassen Sie sich ein Herz und laden das kleine Wörtchen „Nein!“ in Ihr Leben ein.

Übung: Ich lerne, „Nein!“ zu sagen

Überlegen Sie mal: Wer von Ihren Kollegen, Mitarbeitern, Kooperationspartnern wäre ein guter Sparrings-Partner zum Nein-sagen-Üben? Wer lädt Ihnen gerne mal ungeliebte Zusatzarbeit auf den Schreibtisch, wer bittet Sie zum wiederholten Male, ihn mit dem Auto mitzunehmen („Der kleine Umweg macht dir doch nix aus, oder?“) oder seine Mails im Urlaub zu übernehmen? Was hielt Sie bislang da-

von ab, hier „Nein!" zu sagen? Was befürchten Sie, wenn Sie es täten?

Und jetzt: Üben Sie! Ja, richtig gelesen! Versuchen Sie es einfach mal im Rollenspiel mit einer guten Freundin – oder auch ganz allein vor dem Spiegel. Meine Erfahrung zeigt: Vielen fällt allein das klare und eindeutige Aussprechen des Wörtchens „nein" schon sehr schwer. Halten Sie den Augenkontakt, grinsen Sie nicht verschämt und sagen Sie laut und deutlich „Nein!". Wie fühlt sich das an? Wenn Sie es mit jemanden im Rollenspiel probieren: Wie ist sein/ihr Feedback? Wie glaubwürdig, stark, authentisch wirken Sie? Gehen Sie es spielerisch an, experimentieren Sie mit Stimme, Sprache, Körpersprache!

Ich kann auch freundlich „Nein!" sagen.

Viele meiner Coaching-Klienten haben Sorge, dass sie, sobald sie mit dem „Nein!"-Sagen anfangen, zu egoistischen Ungeheuern werden. Keine Sorge – zwischen dem egoistischen Ungeheuer und dem sich aufopfernden, selbstlosen Ja-Sager gibt's noch viele Nuancen!

Tina, 52 Jahre, Mitarbeiterin in einem Serviceteam, Coaching-Klientin

„Ja, sicher: Es nervt schon gewaltig, wenn meine Azubine zum zigsten Mal kommt und mit hilflosem Augenaufschlag flötet: ‚Können Sie mir das noch mal erklären? Ich versteh das immer noch nicht. Sie machen das immer so toll!' Eigentlich hab ich genug anderes zu tun und ich hab ihr den Abrechnungsvorgang schon so oft erklärt. Aber was soll ich machen? Ich bin ihre Ausbilderin und außerdem tut sie mir dann immer so leid. Ich will ja nicht als Drache dastehen!"

Nein, Sie sollen nicht zum Drachen werden. Und Sie dürfen anderen auch weiterhin helfen – aber eben nicht automatisch und immerzu! Sie können der Azubine freundlich, aber bestimmt erklären: „Wir haben das jetzt schon oft besprochen. Gerne erkläre ich es dir noch einmal. Wenn du Fragen hast, stelle sie bitte gleich. Ich bin sicher, dann schaffst du das prima allein!"

Ganz wichtig ist es dann natürlich, dass Sie konsequent bleiben! Nach noch einmal erklären ist Schluss! Da müssen Sie dann durch – auch wenn Ihre Azubine ganz unglücklich guckt. Anders lernt sie es nicht – ist wie bei kleinen Kindern!

Freundliches Nein-Sagen kann prima funktionieren, wenn Sie folgende Schritte einhalten:

- Bleiben Sie freundlich und klar, rollen Sie nicht mit den Augen, verkneifen Sie sich den jammernden oder anklagenden Unterton.
- Sagen Sie ohne viele Umschweife gleich klar und eindeutig „Nein!".
- Erklären Sie kurz (!), warum Sie Nein sagen. Wichtig dabei: erklären – nicht rechtfertigen! Kurz und knapp und einmal reicht!
- Bieten Sie eventuell eine Alternative an: Vielleicht wollen Sie später helfen, vielleicht kann das auch Kollege X machen, vielleicht findet der Hilfesuchende auch im Internet Antworten etc.
- Und zuletzt: Halten Sie es bitte aus, wenn Ihr Gegenüber erstmal schroff, beleidigt oder vorwurfsvoll reagiert! Nicht gleich wieder einknicken! Sie schaffen das – bleiben Sie standhaft.

„Machtspielchen sind doof!" Ja, wirklich?

Noch so ein Frauending, ähnlich wie bei der Harmoniefalle: Allzu oft belächeln Frauen im Geschäftsleben die Machtspielchen, Hahnen- und Revierkämpfe von Männern, tun sie als Sandkastenspiele ab. Sicher, manchmal muten diese Rituale wirklich ein wenig seltsam und albern an.

Aber sich deshalb darüber stellen und sie belächeln? Das, meine Damen, ist ausgesprochen unklug. Sie müssen all diese Spielchen nicht zwingend mitspielen, um erfolgreich zu sein. Aber Sie müssen sie kennen! Und geschickt damit umzugehen wissen. Auch hier gilt: Leistung allein genügt nicht, um Karriere zu machen. Sie müssen darüber sprechen und ab und zu taktisch geschickte Schachzüge machen. Deshalb müssen Sie nicht gleich Ihre Seele dem Teufel verkaufen oder sich gänzlich verbiegen – seien Sie einfach an der richtigen Stellen geschickt und klug:

- Rennen Sie nicht gleich pflichtbewusst und fleißig nach dem Meeting wieder an Ihren Schreibtisch! Bleiben Sie noch ein paar Minuten beim Kaffee draußen stehen und hören Sie dem Flurfunk zu. Der ist oft viel wichtiger als die offiziellen Verlautbarungen im Intranet.
- Reden Sie nicht allzu teamorientiert immer *zu allen* im Meeting. Sprechen Sie das Alphatier an, den Entscheider! Denjenigen, der Ihre Thesen hören und für gut befinden soll. Und setzen Sie sich selbstbewusst dort hin, wo dieser Entscheider Sie gut sehen kann.
- Überlegen Sie gut, ob Sie zur Beförderung den größeren Dienstwagen ablehnen wollen, nur weil „der alte es doch noch ganz gut tut". Statusobjekte sind nicht zu

unterschätzen im Karriere-Ranking und im Ansehen der Kollegen! Unter Umständen hilft solch ein Symbol wie der Dienstwagen, um Ihren Rang zu manifestieren. (Dasselbe gilt übrigens für größere Büros!).

Darf ich Ihren Spieltrieb ein wenig wecken? Und die Leichtigkeit dabei? Seien Sie neugierig: Wie funktionieren diese Spielchen? Wer bestimmt welche Regeln? Wer ist z. B. der offizielle Chef und wer die eigentliche graue Eminenz, die in keinem Organigramm zu finden ist? Wer ist wodurch warum erfolgreich und wer nicht? Wer wird im Meeting warum gehört und wer nicht?

Sehen Sie es entspannt: Durch das Durchschauen der Spielregeln und Taktiken haben Sie deutlich bessere Chancen, Ihre Leistung „an den Mann" zu bringen, gehört und beachtet zu werden. Sie müssen sich nicht ständig fünf Beine ausreißen und außerdem können Sie immer mal wieder leise schmunzeln über die Spielchen der Jungs.

Mehr Biss bitte – reden Sie Klartext ohne Weichspüler!

Wir sprachen davon, dass Sie auf die „Bühne" gehören, um selbstbewusst erfolgreich zu sein *und* das auch zu zeigen. Reden Sie über Ihre Kompetenzen und Erfolge, geben Sie Menschen die Chance, Sie zu sehen, Ihnen zuzuhören und Sie kennenzulernen. Wenn Sie dann auf der Bühne sind und Menschen Ihnen zuhören:

- Wie können Sie dann auch dafür sorgen, dass die Menschen Ihnen mit Interesse zuhören und bis zum Schluss dabeibleiben?

- Wie wirken Sie selbstbewusst im Gespräch ganz allgemein – ob das nun ein Team Meeting, eine Diskussion mit Kollegen oder ein Small Talk vor der Tagung ist?
- Wie können Sie deutlich und selbstbewusst in einer kontroversen Diskussion Ihre Meinung vertreten?
- Wenn Sie an selbstbewusste Menschen in Ihrer Umgebung denken: Wie reden sie? Wie würden Sie das beschreiben? Gibt es Gemeinsamkeiten?

Eine eingehende Analyse im Bereich Rhetorik und Präsentation würde den Rahmen dieses Buches sprengen und ist ein eigenes Thema. Ich will mich hier beschränken auf mir wichtig erscheinende Punkte zum Thema Selbstbewusstsein und Gesprächsführung – selbstbewusst wirken Menschen, die klar und ohne Umschweife, Schnörkel und Füllsel sagen, was sie denken.

Beispiel: Selbstbewusst formulieren

Nehmen wir zum Beispiel an, Ihr Chef fragt Sie nach Ihrer Meinung zum neuen Layout der Firmenseite im Internet.

Warum muss Ihr „Die Startseite gefällt mir nicht sonderlich. Hellere Farben wären meines Erachtens besser und dann noch weniger unruhige Bilder!" unnötig verpackt werden? Dann kommt nämlich schnell dies heraus:

„Ja, also – irgendwie find ich ja – das ist jetzt nur meine persönliche Meinung, dass die Farben nicht so wirklich … also, wenn die vielleicht ein kleines bisschen heller …? Und die Bilder, naja, also … irgendwie … die sind so ein bisschen … ich weiß auch nicht so richtig, wie ich sagen soll. Aber vielleicht gefällt es ja den Kunden gut, ich möchte mir da jetzt kein Urteil erlauben!"

Na? Welche Version klingt selbstbewusst? Kommen Sie auf den Punkt – ohne Umwege und Schnörkel. Selbstbewusst wirken Menschen, wenn sie in ihrer Sprache nicht unnötig verkleinern, verniedlichen oder zurücknehmen.

Beispiele: Selbstbewusst formulieren – Teil 2

- *Wenn Sie stolz auf Ihren Erfolg des letzten Projekts sind, dann zeigen Sie es! Dann sagen Sie: „Ja, ich freu mich sehr über meinen Erfolg mit dem Projekt, danke!" Und sagen Sie um Himmels willen nicht: „Ach naja, das lief schon ganz ordentlich. War aber auch Glück!" Bitte nicht!*
- *Und wenn Sie ein Kompliment bekommen für Ihr schönes Kleid: Dann reicht und wirkt ein strahlendes: „Danke schön!" voll und ganz. Es muss kein „Ach wirklich!? Ist schon ganz alt, das Teil!" sein!*
- *Wenn Sie sich über Ihren Kollegen geärgert haben – dann sagen Sie es! Genau das und nichts anderes. Also vielleicht: „Hans, gestern im Meeting bist du mir ständig ins Wort gefallen und ich kam nicht dazu, meine Ideen zu präsentieren. Das hat mich geärgert!" Und sagen Sie nicht: „Hans, also – ich wollte mal mit dir reden. Versteh mich jetzt nicht falsch, also ich schätze unsere Zusammenarbeit eigentlich immer sehr. Nur gestern, also in dem Meeting. Sicher, deine Ideen waren schon auch wichtig, aber ..." Glauben Sie ernsthaft, Ihre Verärgerung kommt auf diese Weise wirklich an bei Hans?*
- *Und wenn Sie sich bei der Projektvergabe zum wiederholten Mal übergangen fühlen, dann schmollen Sie nicht still in sich hinein, sondern sagen Sie es: „Ich finde das nicht in Ordnung. Bei diesem Projekt wäre ich gerne dabei!"*

Übung: Formulieren Sie die folgenden Sätze selbstbewusst um – kurz, knackig, eindeutig.

- *Ich weiß auch nicht. Aber irgendwie hab ich heute keine rechte Lust aufs Kino. Also, wenn es dir nichts ausmacht – wärst du mir auch wirklich nicht böse?*
- *Ach ja, so schlecht war wohl mein Bericht nicht, stimmt schon. Aber das hätte jeder so hingekriegt.*
- *Im Prinzip bin ich ja schon der Meinung, dass man in so einem Fall einschreiten sollte und die Polizei vielleicht doch dazuholen könnte. Aber da gibt's sicher unterschiedliche Ansichten.*
- *Man könnte ja eventuell den Abgabetermin zwei Wochen verschieben, wenn das möglich wäre. Dann würde doch vielleicht die Korrektur vorher noch mehr Zeit haben, denke ich. Oder?*
- *Also, meiner ganz unmaßgeblichen Meinung nach, ich bin natürlich kein Experte auf dem Gebiet, würde es sich vielleicht besser machen …*
- *Wenn ich auch kurz dazu mal etwas sagen dürfte …*
- *Klar hab ich dir angeboten, dass du für den Umzug mein Auto bekommst. Aber gerade dieses Wochenende wollte ich ja eigentlich nach Salzburg fahren – das ist jetzt irgendwie blöd. Was machen wir denn da?*
- *Sollten wir vielleicht doch mal wieder zum Thema zurückkommen? Was meinen Sie dazu?*

Ergreifen Sie die Initiative – love it, change it or leave it!

- Sie haben einen Job, der Ihnen Spaß macht, der Sie erfüllt und mit interessanten Menschen zusammenbringt und obendrein auch dem Konto gutes Geld beschert? Herzlichen Glückwunsch!
- Sie haben einen Job, der ganz o. k. ist, manchmal ein wenig öde, ein paar nervige Kollegen sind dabei und besser bezahlt könnte die Arbeit auch sein? Tja, heutzutage muss man ja dankbar sein, überhaupt einen Job zu haben, oder?
- Sie haben einen Job, mit dem Sie kreuzunglücklich sind – langweilige Themen, viel Stress, Mobbing und einen Hungerlohn? Und das geht schon eine ganze Weile so? Tja, was nun?

Ich bin jetzt 47 Jahre alt. Vieles sehe ich mit zunehmendem Alter deutlich gelassener als früher – gut so. Es gibt allerdings eine Sache, da muss ich zugeben: Da werde ich unerbittlicher und rigoroser!

Das hat erst kürzlich wieder ein Coaching-Klient zu spüren bekommen: Klaus, 49 Jahre alt, Vater von drei Kindern und in einer Bank beschäftigt. Er war bereits fünf- oder sechsmal bei mir, er erzählte viel. Meist ging es um die für ihn schier untragbare Situation im Beruf. Jedes Mal kamen neue Horrorstorys dazu. Ich weiß, dass eine meiner großen Stärken Empathie und Mitgefühl ist. Auch hier bei Klaus konnte ich mich in seine inneren Kämpfe anfangs gut hineinversetzen, ich fühlte mit ihm, wie schwer das alles war.

Im Laufe der Sitzungen jedoch geschah dann etwas Spannendes: Das Mitgefühl nahm ab, die Ungeduld nahm zu. Solchen Empfindungen im Coaching messe ich große Bedeutung bei, weil sie erfahrungsgemäß ein wichtiger Hinweis sind. Eines Tages war Klaus wieder im Coaching und er erzählte Folgendes:

> ***Klaus, 49 Jahre, dreifacher Vater, leitender Angestellter einer Bank:***
>
> *„Ich kann es wirklich bald nicht mehr ertragen! Der Job frisst mich auf, der Druck aus der Zentrale wird monatlich größer, ich habe kaum noch Kundenkontakt – früher war mir das das Wichtigste in meinem Beruf. Außerdem bin ich umgeben von intriganten, egoistischen und überehrgeizigen Kollegen, die nur auf ihren Vorteil bedacht sind – furchtbar! Und ich hab keinerlei Rückendeckung vom Chef. Aber was will ich machen? Hab nix anderes gelernt und außerdem eine Familie zu versorgen. Dann mach ich halt weiter und handle mir noch ein paar Magengeschwüre ein. Der Indianer kennt eben keinen Schmerz."*

So – und dann platzte mir der Kragen und ich wurde, ich erwähnte es bereits, unerbittlich und rigoros. Ich fragte ihn ohne Ironie und ganz ernsthaft: „Wie lange wollen Sie noch leiden, Klaus? Sagen Sie mir – wie lange? Drei Monate? Fünf Jahre? Bis zur Rente? Bis an Ihr Lebensende?"

Ich gab ihm als Hausaufgabe den altbekannten Spruch „Love it, change it or leave it" mit auf den Weg, er solle mal darüber nachdenken und den Spruch auf seine Situation anwenden.

Interessanterweise meldete er sich dann erst einmal sechs Wochen nicht – was mich nicht wunderte. Er hatte einiges zum Nachdenken und Hinspüren von mir mitbekommen und das war kein Zuckerschlecken, es wurde unbequem! Im darauf folgenden Gespräch kamen wir ein großes Stück weiter – die Ergebnisse möchte ich Ihnen kurz schildern.

Das Schlimmste ist die Ohnmacht und das Gefühl, Opfer zu sein und nichts tun zu können! Es gibt viele psychologische Untersuchungen und Erkenntnisse, die zeigen, dass ein Gefühl des Ausgeliefertseins sehr häufig zu lähmender Depression führt. – Klaus hat das begriffen!

Er stand vor der Entscheidung: Entweder er arrangiert sich mit der Situation, gewinnt ihr die guten Seiten ab und kann sie mehr als bisher wertschätzen = „love it". Dies kann bei Klaus die Erkenntnis sein, dass ihm ein fester Job mit gutem Gehalt das Wichtigste ist und er innerlich mehr Abstand gewinnen wird, um besser für sich zu sorgen.

Oder er begreift, dass er in einer Position in der Bank ist, wo er doch eine ganze Menge Einfluss hat. Er kann die Ärmel hochkrempeln und Dinge ändern, statt sich über sie zu beklagen = „change it".

Die dritte Möglichkeit: Klaus stellt fest, dass nichts mehr passt, dass er nicht mehr in den Spiegel schauen kann. Er merkt, dass das gute Gehalt und der feste Job allein nicht genügen, ihn glücklich zu machen. Also wird er den Mut aufbringen, ins kalte Wasser zu springen und sich zu verändern = „leave it".

Keine der Entscheidungen ist „die richtige" – woher soll Klaus das abschließend wissen? Er kann nicht wissen, welche Auswirkungen eine Entscheidung haben wird, wie sein Leben dadurch in fünf Jahren anders sein wird.

Entscheidend ist, dass er sich entscheidet! Dass er nicht Opfer bleibt und ohnmächtig – dann ist jede Entscheidung die richtige, weil er dann 100%ig dahintersteht und mit allen Konsequenzen letztendlich umgehen kann.

Eines will ich nicht verschweigen: Oft ist es unbequem, sich zu entscheiden. Bequemer ist es zweifelsohne, nichts zu tun, weiter zu leiden, zu jammern und die Schuld für das Leid auf andere oder auf die Umstände zu schieben.

Wenn Sie dann allerdings nicht wenigstens das Jammern aufhören, richten Sie sich auf Dauer so zugrunde – und Ihre Umgebung gleich mit, die Sie so ertragen muss. Tun Sie was!

Klaus hat sich übrigens entschieden: Er hat sich eine Frist von einem halben Jahr gesetzt, in dem er versuchen will, mit seinem Einfluss noch etwas zu verändern – „change it". Wenn sich in der Zeit nichts geändert hat, wird er kündigen – also „leave it". Und allein durch diese Entscheidung ging es ihm deutlich besser, seine Kräfte kehrten zurück, er konnte wieder besser schlafen und besser abschalten. Packen Sie es an – entscheiden Sie sich. Und glauben Sie an sich!

Ein weiser Mann hat einmal gesagt:

Es gibt zwei Möglichkeiten. Entweder du stellst dir vor, du schaffst es. Oder du stellst dir vor, dass du es nicht schaffst. Für was auch immer du dich entscheidest – es wird stimmen. Wir sind das, was wir zu sein glauben und woran wir glauben. Das Glück kommt nur zu Menschen, die daran glauben. An etwas glauben, heißt: Es wird passieren. (Henri Ford)

Netzwerken – verbünden mit den Starken!

Selbstbewusste Menschen sind sich auch dessen bewusst, dass sie vieles nicht allein schaffen können. Warum auch? Es geht leichter, macht mehr Spaß und ist effektiver in der Gemeinschaft. Gottlob ist ja „Vitamin B" heutzutage nicht mehr so verpönt wie früher. Es ist doch schön, wenn mir jemand die Tür aufmacht – durchgehen und mich beweisen muss ich ganz allein.

Selbstbewusstes Netzwerken bedeutet: Ich analysiere zuerst genau meine Situation: Wo brauche ich Unterstützung? Wer bzw. welcher Personenkreis kann mir helfen bzw. ist wichtig für mich? Wo finde ich diese Menschen? Welche Art des Netzwerkens ist für mich die richtige, wie viel Zeit bin ich bereit zu investieren? Wo fühle ich mich wohl (ein ganz wichtiger Punkt! Sonst geh ich nicht hin!)?

Ich ziehe Erkundigungen ein über die verschiedenen Möglichkeiten: Ich frage Freunde und Kollegen, recherchiere im Internet, achte in der Tageszeitung auf Annoncen und Berichte etc.

Ich wäge ab, was für mich infrage kommt: Netzwerke aus meiner Branche (Trainertreff, Marketing-Zirkel etc.) oder branchenübergreifend (z. B. Unternehmer-Stammtisch)? Deutschlandweit oder lokal vor Ort? Netzwerke mit reinem Stammtisch-Charakter oder welche mit Vorträgen, Workshops etc.? Kostenfreie oder elitärere mit Jahresbeitrag? Reale oder virtuelle Netzwerke (wie z. B. XING)? Finden sich die für mich wichtigen Personen vielleicht eher auf dem Golfplatz oder im Tennisverein?

Und jetzt das Wichtigste: Ich werde aktiv! Ich gehe auch hin – und mehr als einmal! Ich knüpfe allmählich Kontakte und erweitere mein Netzwerk.

Richtiges, langfristig erfolgreiches Netzwerken bedeutet:

- Lernen Sie die Menschen dort erst einmal in Ruhe kennen. Schon beim ersten Mal mit Flyern oder Visitenkarten zu wedeln kommt nicht gut an. Bauen Sie Vertrauen auf.
- Netzwerken bedeutet Geben und Nehmen – gutes Netzwerken bedeutet, erst einmal etwas zu geben, bevor Sie etwas bekommen. Hören Sie aufmerksam hin: Sprach ein Teilnehmer des Stammtisches von einem Buch – das Sie ihm leihen könnten? Oder gibt's als Recherchematerial für den Workshop eines anderen ein tolles Blog, dessen Internetadresse Sie mailen können? Oder Sie machen einem Netzwerkpartner schon bald die Freude, ihn weiterzuempfehlen?
- Denken Sie auch langfristig und hoffen Sie nicht nur auf schnelle Erfolge.
- Werden und bleiben Sie aktiv – das A und O guten Netzwerkens. Mitgliedsbeitrag zahlen allein reicht nicht.

Auf den Punkt gebracht

Selbstbewusstsein im Beruf macht Sie stärker. Bleiben Sie authentisch, seien Sie nicht zu bescheiden, trauen Sie sich auch mal, „Nein!" zu sagen. Reden Sie Klartext, ergreifen Sie eigenverantwortlich die Initiative und schließen Sie sich mit anderen in starken Netzwerken zusammen.

Selbstbewusstsein im Privatleben

Natürlich hilft auch im Privatleben eine gesunde Portion Selbstbewusstsein ungemein. Mit Selbstbewusstsein werden Sie auch hier gelassener, können besser für Ihre Bedürfnisse einstehen und es sich einfach sehr viel leichter machen. Sie umgeben sich selbstbewusst mit den Menschen, die Ihnen gut tun und die Sie mögen – Energie-Vampire und „Nur-nehmen-Woller" haben keine Chance mehr.

Nehmen Sie sich wichtig – stehen Sie ein für Ihre Bedürfnisse!

Wer ist der wichtigste Mensch in Ihren Leben? Mütter und Väter werden sofort antworten: Mein/e Kind/er natürlich! Verständliche Sichtweise und gut so.

Ich bin jetzt mal so provokant und behaupte: Der wichtigste Mensch in Ihrem Leben sollten SIE sein! Erst wenn es Ihnen gut geht und Sie mit sich einigermaßen im Reinen sind, können Sie für andere da sein.

Sie sollen nicht zum großen Egozentriker mutieren! Die gesunde Balance macht's – an sich selbst *und* an andere denken.

> Deshalb mein erster Tipp: Nehmen Sie sich wichtig genug und stehen Sie für sich und Ihre Bedürfnisse ein!

Ich erlebe immer wieder, dass gerade Mütter dies oft schändlich vernachlässigen, da höre ich dann:

> ***Martina, 38 Jahre, Zahnarzthelferin, zweifache Mutter:***
>
> *„Ach naja, es geht ja schon immer irgendwie. Klar ist es immer ziemlich stressig: Halbtagesjob, zwei Kinder in der Pubertät, Haushalt, zwei Hunde. Da kommen natürlich erst einmal die anderen dran, ich hab da ja schließlich eine Verpflichtung. Und wenn mal Zeit bleibt, dann gönne ich mir schon auch mal was!"*

Vergessen Sie es!! Da können Sie lange warten, bis vielleicht „mal Zeit bleibt". Die bleibt nie – Sie finden garantiert immer eine Beschäftigung, die wichtiger ist: Wenn der Einkauf erledigt ist, muss die Wäsche gemacht werden. Wenn die Wäsche gebügelt ist, sind die Hausaufgaben der Kids dran. Und dann ist da noch die Fortbildung, die Steuererklärung, der Tierarzttermin, …

Sie müssen sich ganz bewusst und ruhig auch egoistisch Zeit für sich nehmen, eigenen Interessen nachgehen. Sonst merken Sie irgendwann, dass Sie z. B. 20 Jahre lang ausschließlich Mutter waren – und dann sind die Kinder aus dem Haus. Und dann? Was bleibt übrig, wenn die Mutterrolle nicht mehr gefragt ist? Gibt es dann noch eine eigenständige Persönlichkeit, die weiterleben kann ohne die anderen Rollen?

Und sprechen Sie selbstbewusst klar und eindeutig darüber, wenn Ihnen etwas nicht passt! Warten Sie bitte nicht darauf, dass derjenige, um den es geht, es schon irgendwann merken wird. Reden Sie!

Beispiele: So denken Sie an sich selbst!

- *Sagen Sie Ihrer Nachbarin, sie möchte Ihnen doch bitte nicht immer ihr Rad vor die Garage stellen.*
- *Erklären Sie Ihrer Jogging-Partnerin, dass Sie in Zukunft lieber allein – und lieber nachmittags – laufen wollen.*
- *Stellen Sie beim Elternbeirat klar, dass Sie bei der nächsten Wahl nicht mehr zur Verfügung stehen.*
- *Erklären Sie endlich den anderen Eltern, dass nicht immer Sie die Kinder zum Klavierunterricht fahren wollen – jetzt sind mal die anderen dran.*

Sie können nicht auf positive Veränderungen hoffen, wenn Sie nicht aktiv werden. Nehmen Sie Ihren Mut zusammen, machen Sie den Mund auf.

Was haben Sie zu verlieren? Schlimmstenfalls gibt's Streit – na und? – Ein gutes Übungsfeld, seine Meinung zu vertreten und gute Kompromisse zu finden, dass beide Seiten zufrieden sind.

Sie hassen Streit und halten deshalb lieber den Mund? O. k., auch in Ordnung – wenn es Ihre klare Entscheidung ist. Dann aber bitte nicht mehr meckern, wenn die Joggingrunde so früh ist, wenn Sie wieder viel Zeit im Elternbeirat verbringen werden oder wenn Sie mal wieder erst aus dem Wagen steigen müssen, um das Fahrrad Ihrer Nachbarin zur Seite zu räumen. Einverstanden?

Auf den Punkt gebracht

Denken Sie nicht immer erst zuletzt an sich selbst – stellen Sie sich endlich mal in den Mittelpunkt Ihres Lebens. Erst wenn es Ihnen selbst gut geht, können Sie mit ganzer Energie und Liebe für die anderen da sein. Verabschieden Sie sich von dem Egoismus-Schreckgespenst.

Selbstbewusster Mann – selbstbewusste Frau

Sind selbstbewusste Frauen anders als selbstbewusste Männer? Ja und nein.

Ich denke, viele Punkte dieses Buches treffen auf Männer *und* Frauen zu. Sowohl die Suche nach den Wurzeln unseres Selbstbewusstseins als auch eine fundierte Stärken-/Schwächen-Analyse kann Männern und Frauen gut tun. Auch etliche Punkte in „Selbstbewusstsein im Beruf" können für beide Seiten hilfreich sein.

Und doch: Es gibt meiner Erfahrung nach Unterschiede. Wir haben an anderer Stelle im Buch schon von Sozialisation und Erziehung gesprochen – beides prägt uns und macht uns neben den Genen zu Frauen und Männern. Wir sind unterschiedlich – und doch haben Männer auch weibliche und Frauen auch männliche Seiten.

Was denn nun – gleich oder verschieden? Ich möchte jetzt keine Diskussion beginnen, was männlich und was weiblich ist; auch das würde den Rahmen dieses Buches sprengen.

> Selbstbewusste Männer sind gerne Mann – selbstbewusste Frauen sind gerne Frau, mit allem, was dazugehört. Jagen Sie aber nicht den Klischees nach – bleiben Sie Sie selbst! **!**

Wenn Sie als Mann versuchen, sowohl erfolgreicher Geschäftsmann, fürsorglicher Vater, toller Sportler und liebevoller Ehemann zu 150 % zu sein, sind Stress, Frust und Burn-out vorprogrammiert.

Männer haben es heutzutage nicht unbedingt leicht, ich merke oft im Coaching: Die Verunsicherung nimmt zu. Ihre alten Rollen bröckeln, die Frauen werden stärker, wollen den modernen Mann, der aber bitte auch alle althergebrachten Vorstellungen erfüllen möge. Eierlegende Wollmilchsau – aber keine Realität.

Liebe Männer – auch Sie müssen sich entscheiden! Wessen Ansprüchen wollen Sie genügen, wem wollen Sie es recht machen, welchem Bild in der Gesellschaft möchten Sie entsprechen? Und – liebe Frauen: Verlangen Sie von Ihren Männern nicht, eierlegende Wollmilchsäue zu sein – ein ganzer Mann reicht doch auch, oder? Wenn Sie einen sehr erfolgreichen Mann an Ihrer Seite haben wollen, der einen anspruchsvollen Job hat, mit dem er viel Geld verdient – dann wird es selten möglich sein, dass er gleichzeitig ein derart engagierter Vater ist, dass er den Sohnemann um 16 Uhr aus der Kita abholt. *Noch* ist dies nicht möglich in unserer Gesellschaft, noch ist dies ein Widerspruch.

Auch wenn es nicht so offensichtlich ist wie bei Frauen: Auch Männer leiden oft unter den Ansprüchen, die an sie gestellt werden von der Gesellschaft, von ihren Partnerinnen, Kollegen, Vorgesetzten und auch von sich selbst – wir wissen ja: Wir sind selbst meist unsere strengsten Kritiker. Männer sollen die besagten eierlegenden Wollmilchsäue sein: souverän, erfolgreich, sensibel, humorvoll, schön, kräftig, mit Herz, Hirn und der Schulter zum Anlehnen. Und Schwäche zugeben, Zweifel und Ängste offen ansprechen – das ist immer noch ein großes (gesellschaftliches) Tabu für Männer.

Hans, Geschäftsführer, 52 Jahre:

„Gerade in diesen wirtschaftlich schwierigen Zeiten muss ich Ermutiger und Tröster meiner Belegschaft sein, jemand, der positiv, tatkräftig und souverän in die Zukunft blickt. Andererseits machen mir Umsatzeinbrüche große Sorgen. Und dann will ich doch auch so viel wie möglich für meine Familie da sein – ich liebe sie und sie haben es verdient. Meine Frau arbeitet halbtags, unsere Kinder sind in der Pubertät – also auch hier noch ein offenes Ohr, Rat und Tat, Unterstützung. Und meine Gesundheit lässt mich auch langsam im Stich – zu wenig Zeit für Sport, zu viel Arbeit am PC, zu ungesundes Essen. Meine Kräfte schwinden – aber wo und wem gegenüber kann ich das zugeben? Sie bauen doch alle auf mich – ich trage viel Verantwortung für viele Menschen! Ich darf nicht schlapp machen!“

Daher finden wir in Studienergebnissen und Statistiken zu Männergesundheit auch alarmierende Zahlen:

- Die Lebenserwartung von Männern ist ca. sechs Jahre geringer als bei Frauen.
- Männer begehen dreimal so oft Selbstmord wie Frauen. (Frauen unternehmen mehr Selbstmord-*Versuche*).

- Männer erreichen zehn Jahre früher als Frauen die gleichen Herz-Kreislauf-Krankheiten
- 80 % der Erwachsenen mit alkoholbedingter Leberkrankheit sind Männer.
- Übergewicht, aber auch Magersucht, stressbedingte Krankheiten wie z. B. Angstzustände und Herzinfarkte bei Männern nehmen zu.

Also, Männer: Passt auf euch auf und baut auf euer Selbstbewusstsein! Bringt den Mut auf, Prioritäten zu setzen, ein bisschen mehr über Eure Probleme zu reden und auch mal „Nein, danke" zu sagen.

Auch bei uns Frauen klappt es nicht, wenn zu viele Rollen zu perfekt erfüllt werden sollen: perfekte Mutter, perfekte Geliebte, perfekte Freundin, perfekte Berufstätige, perfekte Sportlerin – vergessen Sie's! Bleiben Sie „normal" – das ist auf Dauer deutlich gesünder und befriedigender.

Früher haben Sie vielleicht Ihre schönen Freundinnen oder Kolleginnen bewundert, denen scheinbar alles zugeflogen ist. Meinen Sie wirklich, die haben es leichter? Allzu schnell werden die Schönheiten eben nur auf die Schönheit reduziert – außerdem haben sie ganz schnell viele Frauen gegen sich, Stutenbissigkeit lässt grüßen.

Wir entwickeln uns deutlich weiter, wenn uns eben *nicht* alles zufliegt. Wir machen unsere Erfahrungen, strengen uns an, scheitern – und lernen daraus und werden besser. Das gilt natürlich für Frauen *und* für Männer.

Und noch ein Punkt, der für selbstbewusste Frauen *und* Männer gleichermaßen wichtig ist: Zum selbst-bewussten und somit auch selbst-bestimmten Leben gehört es dazu, dass wir uns mit den Menschen umgeben, die uns gut tun – und *nur* mit ihnen.

Menschen, die uns gut tun, sind Menschen auf Augenhöhe, Menschen, die eine gesunde Balance zwischen Geben und Nehmen leben in ihren Beziehungen. Menschen, die uns bereichern, uns unterstützen, an uns glauben und uns mögen. Klingt egoistisch? Ja! Warum nicht?

Entscheiden Sie sich, Energieräubern in Ihrem Leben keinen Platz mehr zu geben: Menschen, die ständig an sich zweifeln, der Welt immerzu von ihrem Leid berichten müssen, die nur Opfer sind, alles schwarz sehen und von Ihnen erwarten, dass Sie 24 Stunden Rufbereitschaft haben. Verabschieden Sie sich von diesen Menschen – bewusst und aktiv! Warten und hoffen Sie nicht darauf, dass es irgendwie im Sande verlaufen wird, wenn Sie sich nicht mehr melden – klappt meist nicht, diese Menschen sind hartnäckig, weil sie ja Sie und Ihr Helfersyndrom brauchen.

Selbstbewusste Menschen haben aber kein Helfersyndrom, sondern helfen gerne, wenn es sich stimmig anfühlt. Wenn sie helfen *wollen* und Zeit, Energie und Kraft dafür übrig haben – und *nur* dann! Außerdem entscheiden selbstbewusste Menschen selbst, wem sie helfen wollen und wem nicht. Trauen Sie sich, hier wirklich auch mal ehrlich die Frage zu stellen: Hat xy es verdient, dass ich ihm helfe? Sie sind nicht Mutter Teresa und nicht die Sozialstation – es ist o. k., wenn Sie nicht der gesamten Welt helfen können *und wollen*! Sie müssen nicht ach so selbstlos und geradezu heilig sein – Sie haben das Recht, auch mal Hilfe zu verweigern.

Hinter diesem Unbedingt-jedem-und-immer-helfen-Wollen steckt oft ein schwaches Selbstbewusstsein. Diese Menschen ziehen Ihren Selbstwert dann vor allem aus dem „Ich werde gebraucht!" und der Dankbarkeit der anderen. Dieses Helfen ist oft, verzeihen Sie mir die harte Ausdrucksweise, ein „falsches" bzw. geheucheltes Helfen. Ich helfe nur, damit du mir dankbar bist und mich noch mehr liebst. Aber wehe, es kommt kein ausreichend großer Dank! Eine deutsche Lyrikerin hat dazu einmal schön gesagt:

*Else Pannek, (*1932)*

„Wenn ein Kümmerer sich mal nicht kümmert, sondern nur beobachtet, entdeckt er manchmal, dass die von ihm Umsorgten besser für sich selbst sorgen können, als er für sich."

Macht Sinn, nicht wahr!? Der Hilfesuchende sorgt gut für sich, er fragt Sie schließlich um Hilfe. Aber sorgen Sie dann bitte auch gut für sich und spüren nach, ob hier Hilfe sich für Sie stimmig anfühlt – ob Sie wirklich helfen wollen! Und wenn nicht: Dann bringen Sie den Mut auf, dazu zu stehen. Lernen Sie, zu unterscheiden zwischen dem wirklich Hilfebedürftigen und dem Jammerer, dem ewigen Opfer, dem Energievampir.

Übung: Wer ist Energievampir?

Seien Sie mal im stillen Kämmerlein ganz ehrlich zu sich, gehen Sie Ihr Umfeld durch und fragen sich: Wer ist ein Energievampir? Wer saugt Sie eigentlich nur aus, ohne Ihnen etwas zu geben? Seien Sie einmal – obwohl es ja ach so verpönt ist – ganz bewusst berechnend! Stellen Sie mal ganz bewusst so eine Art Kosten-Nutzen-Rechnung auf. Fragen Sie sich mal ganz frech: Was bringt mir X oder Y? Es hört Sie niemand, es liest Sie niemand – haben Sie also kein schlechtes Gewissen und stellen Sie sich ganz ehrlich mal diese Frage. Und dann überlegen Sie und entscheiden Sie: Möchten Sie sich weiterhin mit diesen Menschen umgeben? Wenn ja: o. k., Ihre Entscheidung und gut so. Wenn nein: Überlegen Sie, wie Sie sich von diesen Menschen souverän und selbstbewusst verabschieden können. Probieren Sie mal aus, wie es klingt, wenn Sie sagen: „Liebe XY, ich möchte mich aus unserer Freundschaft zurückziehen und mich verabschieden. Ich merke, es tut mir nicht mehr gut und daher wünsche ich dir alles Gute und gehe!" Nur mal ausprobieren!

Auf den Punkt gebracht

Auch im Privatleben ist Selbstbewusstsein wichtig. Versuchen Sie auch hier nicht, es allen recht zu machen. Entscheiden Sie selbst, wie Sie Mann oder Frau sein wollen. Umgeben Sie sich mit Menschen, die Ihnen guttun und verabschieden Sie sich von Energievampiren.

Bleiben Sie dran! Der Feinschliff für Ihr Selbstbewusstsein

Selbstbewusst zu werden ist nicht schwer, selbstbewusst zu bleiben … Nein, auch das ist nicht schwer! Sie sind jetzt ein gutes Stück des Weges gegangen. Freuen Sie sich darüber, seien Sie stolz auf sich und die Früchte Ihrer Arbeit. Das Wichtigste ist auch schon geschafft: Sie haben erkannt, dass Sie aktiv an Ihrem Selbstbewusstsein arbeiten können. Sie haben sich mit den Wurzeln Ihres Selbstbewusstseins auseinander gesetzt, kennen Ihre Stärken und Ihre Schwächen. Sie wissen, wie Sie Ihr Selbstbewusstsein im Beruf einsetzen können und wie sich Ihr Selbstbewusstsein im Privatleben zeigen darf.

Diese Ergebnisse kann Ihnen keiner mehr nehmen, dies ist Ihr neuer Ist-Zustand. In diesem Kapitel möchte ich Ihnen Wege aufzeigen, wie Sie auch in Zukunft immer wieder etwas tun können für Ihr Selbstbewusstsein. Die Basis ist geschaffen, sie sitzt bombenfest – für Zweifel und Krisen gibt's dann das nächste Kapitel. Nun gilt es, sich an den Feinschliff zu machen. Wie können wir unser Selbstbewusstsein immer wieder pflegen, verstärken und erweitern?

Immer wieder innehalten – regelmäßige Auszeit

Ich habe Ihnen anfangs erzählt, was ich unter Selbstbewusstsein verstehe: Sich seiner selbst bewusst sein. Um sich bewusst zu werden, muss ich hinsehen – dafür brauche ich

Zeit und Raum und Muße. Allzu schnell hat uns immer der Alltag wieder in seinen Fängen. Wir haben zu tun, haben viel Arbeit, möchten unseren Rollen gerecht werden, alles schaffen, weiterkommen, erfolgreich sein etc. Dazu kommen oft Zeitdruck, Hektik und Stress. Und vorbei ist es dann mit der Ruhe und dem Genau-hinsehen-Wollen. Wir kommen nicht dazu, wir vergessen es, wir setzen andere Prioritäten. Das ist in Ordnung, so ist nun mal das Leben. Wie heißt es so schön: Das Leben ist kein Ponyhof.

Selbstbewusste Menschen haben jedoch gut gelernt, mit dem Alltagsstress angemessen umzugehen, gut auf sich aufzupassen. Ein wichtiger Tipp für die Pflege Ihres Selbstbewusstseins, Ihres sich-Ihrer-selbst-bewusst-seins:

> **!** Halten Sie regelmäßig an und halten Sie inne. Nehmen Sie sich ganz bewusst Ihre regelmäßigen Auszeiten, steigen Sie aus dem Alltag kurz aus und kommen Sie im wahrsten Sinne des Wortes zu sich!

Sie selbst entscheiden, in welchem Rhythmus Ihnen solche Auszeiten gut tun:

Bianca, 41 Jahre, Sekretärin, zweifache Mutter:

„Einmal im Monat habe ich eine Verabredung mit mir selbst! Im Coaching ist mir klar geworden, dass ich viel zu sehr immer nur für die anderen da bin: Chef, Kollegen, Kunden, Kinder, Mann, Freundeskreis – und wo bleibe ich? So geht mir das Gefühl für mich selbst immer wieder schnell verloren. Einmal im Monat steht es nun sogar rot in meinem Kalender: Date mit mir selbst! Ich nehme mir meist einen Sonntagvormittag und ziehe mich zurück: Meine Fa-

milie lässt mich in Ruhe, ich geh oft rauf auf den Berg und horche in mich hinein: Wie geht's mir gerade? Was brauche ich? Wo stehe ich?"

Machen Sie solche Auszeiten zur Chefsache, kümmern Sie sich um sich selbst! Nehmen Sie sich wichtig. Pflegen Sie Ihr Selbstbewusstsein regelmäßig und bleiben Sie dran. Vielleicht haben Sie sich Dinge vorgenommen, sich Ziele gesetzt zum Thema Selbstbewusstsein.

Nutzen Sie solche Auszeiten zum Beispiel zum Check-up und zur Überprüfung: Wo stehe ich, welche Ziele habe ich erreicht, was fehlt noch, wo brauche ich Unterstützung?

Oder Sie haben gemerkt, dass Ihr Selbstbewusstsein einfach regelmäßige Aufmerksamkeit braucht, um nicht „unter die Räder" zu kommen. Schenken Sie ihm diese Aufmerksamkeit! Und es ist auch in Ordnung, wenn Sie in dieser Auszeit auch so herrlich unnütze (und doch so wichtige!) Dinge tun wie: Besuch bei der Kosmetikerin, Kaffeeklatsch mit der Freundin, mit den Jungs endlich mal wieder Fußball spielen oder die Skatrunde aufleben lassen.

Entscheiden Sie selbst, welche Version für Sie am günstigsten ist: Manche Menschen brauchen einmal im Monat einen Tag, manchen Menschen reicht es zweimal im Jahr ein Wochenende damit zu verbringen. Selbstverständlich können Sie sich auch jede Woche regelmäßig die feste Zeit mit sich selbst einplanen.

Eine Kollegin von mir nannte dies einmal „meine heilige Zeit". Einmal pro Woche ist ausschließlich sie dran, da rüttelt keiner dran, da hat keiner was von ihr zu wollen.

Hier war es der Freitagabend. Diesen Freitagabend hat sie regelmäßig für sich freigenommen, fast zelebriert.

Unterschätzen Sie bitte nicht die Gefahr, allzu schnell im Alltag wieder „unterzugehen"! Werden Sie hellhörig, wenn Sie sich selbst sagen: Mach ich schon, wenn Zeit dafür ist!

Nein, diese Zeit fällt nicht von allein vom Himmel – Sie müssen sie sich nehmen! Ganz bewusst und aktiv. Nehmen Sie sich und Ihre Bedürfnisse ernst. Und nehmen Sie diese Auszeiten wichtig: Sie tun sich damit etwas Gutes. Sie sorgen damit für Ihre Weiterentwicklung, Sie arbeiten an Ihrer persönlichen Selbstentfaltung – Sie tun sich gut!

Übung: Auszeit einplanen

Nehmen Sie sich Ihren Kalender zur Hand und planen Sie aktiv und bewusst Ihre Auszeiten ein!

Überlegen Sie: Welcher Rhythmus wäre der Richtige für Sie? Einmal die Woche? Einmal im Monat? Einmal im Vierteljahr? Sind es eher feste Stunden? Oder ein ganzer Tag oder ein Wochenende?

Ganz wichtig: Nicht nur planen, sondern fest in den Kalender eintragen – am besten in Rot! Vereinbaren Sie einen fixen Termin mit sich selbst! Und daran wird nicht mehr gerüttelt! Versprochen?

Selbstbewusste Körpersprache

Erinnern Sie sich einmal an Menschen in Ihrem Umfeld, die Sie für sehr selbstbewusst halten: Was sehen Sie? Welche Körperhaltung und Körpersprache haben diese Menschen? Lassen Sie mich raten: Diese Menschen haben meist eine ziemlich aufrechte Haltung? Sie schauen dem Gegenüber offen und direkt in die Augen? Ihre Gestik unterstreicht deutlich ihre Worte, ohne zu hektisch zu wirken? Die Arme sind selten verschränkt, die Hände selten in den Hosentaschen? Sie strahlen Präsenz aus und nehmen sich ihren Raum? Sie sitzen aufrecht und nehmen die ganze Sitzfläche des Stuhls ein? Ihre Stimme ist klar, angemessen laut und die Aussprache deutlich?

Woran liegt das? Warum haben selbstbewusste Menschen eine andere Körpersprache als Menschen mit geringem Selbstbewusstsein? – Dies hat m. E. mehrere Gründe:

- Selbstbewusste Menschen fühlen sich wohl in ihrem Körper, wollen ihn also nicht verstecken, sich kleiner oder gar unsichtbar machen. Wenn ich selbstbewusst dazu stehe, wie groß oder klein, wie dick oder dünn, wie attraktiv oder interessant ich aussehe – dann strahle ich das auch durch meine Körpersprache aus. Große Menschen stehen dann gerade und wollen sich nicht kleiner machen. Fülligere Menschen ziehen nicht ständig krampfhaft den Bauch ein, sondern nehmen sich selbstbewusst den Raum, den sie brauchen. Sie tragen ein schiefes Lächeln genauso selbstbewusst im Gesicht wie eine große Hakennase. Wenn andere lästern und tuscheln über ihr Aussehen, dann wissen selbstbewusste Menschen: Das ist nicht mein Thema und Problem, das gehört den anderen. Gängige Schönheitsideale dienen ihnen vielleicht als Anregung – versklaven lassen sie sich dadurch jedoch nicht. Sie fühlen sich wohl in ihrer Haut.
- Außerdem nehmen sich selbstbewusste Menschen den Platz, den sie benötigen und der ihnen zusteht. Sie quetschen sich nicht in die letzte Reihe, setzen sich nicht

immer an den Rand oder hinten hin. Sie müssen zwar nicht auf Teufel komm raus im Mittelpunkt stehen, es macht ihnen aber auch nichts aus. Selbstbewusste Menschen nehmen sich zum Beispiel in einer Besprechung den Platz, der ihnen angenehm ist und nicht den letzten, der frei bleibt. Sie versuchen, sich nicht neben ihren Gesprächspartner zu setzen, sondern möglichst im rechten Winkel zu ihm, um ihm besser in die Augen sehen zu können. Sie wählen den Abstand, der ihnen selbst angenehm ist. Sie ergreifen also die Initiative und warten nicht, bis ihnen der Platz zugewiesen wird.

- Augenkontakt ist selbstbewussten Menschen sehr wichtig. Sie wissen: Die Augen sind die Fenster zur Seele. Sie haben nichts zu verbergen und können dem Gegenüber also offen und direkt in die Augen schauen. Sie halten dem Blick des anderen stand und weichen nicht aus.

- Selbstbewusste Menschen haben eine natürliche, ungekünstelte Körpersprache – sie setzen sie aber auch bewusst ein. Nicht gekünstelt oder antrainiert, nein: Sie unterstreichen das, was sie sagen mit angemessener Gestik und Mimik. Sie scheuen sich nicht, an wichtigen Punkten ausladende Armbewegungen zu machen, um dem Gesagten Gewicht zu verleihen. Sie haben ein breites Spektrum an Mimik und gehen authentisch damit um: Wenn sie wütend oder nachdenklich sind, dann lächeln sie nicht. Sie blicken fragend, amüsiert, verärgert, bewegt. Selbstverständlich beherrschen sie aber auch das Pokerface – nicht immer möchten sie in sich hineinblicken lassen, manchmal ist professionelle Taktik gefragt.

- Was die Stimme angeht: Werden Sie auch mal lauter und erheben Sie die Stimme, wenn Sie verärgert sind. Unsere Stimme, unsere Sprache und unsere Körpersprache stellen uns die ganze Bandbreite zur Verfügung – nutzen wir sie. Die Stimme hat viel drauf: laut und leise, freundlich, drohend, erzürnt, begeistert, hoch und tief, atemlos und mit Pausen – all das ist drin in unserer Stimme, lassen Sie uns aus dem Vollen schöpfen. Schauen Sie auch mal grimmig, wenn Ihnen danach ist. Drehen Sie sich auch mal demonstrativ weg, wenn Sie Ihr Gesprächspartner beleidigt hat!

Menschen mit wenig Selbstbewusstsein benutzen ihre Mimik oft als Maske, hinter der sie ihre wahren Gefühle verbergen. Damit diese Maske gesellschaftlich anerkannt wird und wenig auffällt, ist diese Maske oft ein nichtssagendes Lächeln zu allen Gelegenheiten. Dieses Lächeln macht unangreifbar und sichert ab – meinen sie. Seien Sie mal ehrlich: Ertappen Sie sich auch hin und wieder dabei? Bei diesem leicht frostigen, festgetackerten Lächeln? Warum lächeln wir, wenn uns nicht danach ist? Warum lächeln wir, wenn wir eigentlich wütend auf jemanden sind? Ich denke, aus Harmoniebedürfnis und aus Angst, wir müssten uns erklären und es auf eine Auseinandersetzung ankommen lassen. Meine Idee für Sie: Lassen Sie es doch mal darauf ankommen. Gehen Sie spielerisch damit um und beobachten Sie mal: Was passiert, wenn Sie nicht ständig lächeln – wenn Sie ernst schauen, wenn Ihnen danach ist? Wie sehen die Reaktionen der anderen aus?

Selbstbewusste Menschen haben den Mut, nicht „everybody's darling" zu sein. Sie trauen sich was, es macht ihnen nichts aus, auch mal anzuecken, sich abzugrenzen und dies auch durch ihre Körpersprache zu zeigen. Sie sagen laut und deutlich und ohne tausend Erklärungen „Nein!“, schütteln den Kopf dazu und lächeln dabei nicht. Sie befürchten nicht, dann von allen gleich als Egoist abgestempelt zu werden. Und sie können gut damit leben, dass sie eben nicht everybody's darling sind, dass es Menschen gibt, die mit ihnen nichts anfangen können. Sie kommunizieren mit Klarheit, sie positionieren sich eindeutig.

Renate, 44 Jahre, Serviceassistentin:

„Anfangs wollte ich es in meiner neuen Stelle allen recht machen. Ich glaubte, dass ich auf diese Art und Weise schneller bei allen beliebt bin. Ja, alle mochten mich, weil ich ihnen die Arbeit abnahm. Aber meine Gesundheit und meine Laune blieben mit der Zeit auf der Strecke. Im Coaching lernte ich dann, auch mal ‚nein!‘ zu sagen. Anfangs sehr ängstlich: Werden sie mich noch mögen? Erstaunlicherweise waren alle Ängste unbegründet. Ich verschaffte mir so tatsächlich mehr Respekt. Jetzt bin ich anerkannt, viele mögen mich (es müssen mich nicht alle mögen!) und ich habe deutlich bessere Laune in der Arbeit.“

Was außerdem noch wichtig ist: Kupfern Sie nicht ab! Sich von anderen Körpersprache „abschauen“, auch wenn sie noch so faszinierend wirkt – das funktioniert nicht! Das wirkt unecht, nicht authentisch und meist auch antrainiert. Und es gibt nicht *die* richtige Körpersprache! Der eine hat eine ausladende Gestik, der andere eine zurückgenommene. Die eine hat eine sehr lebhafte Mimik, die andere eine dezentere. Wenn die Körpersprache authentisch ist, Sie all ihre Möglichkeiten ausschöpfen und selbstbewusst agieren – dann ist sie die Richtige.

Finden Sie Ihre ureigene Körpersprache, sie macht Sie unverwechselbar, ist Ihr nach außen sichtbares Markenzeichen und passt zu Ihnen.

Körpersprache wirkt unterbewusst und ist auch nicht wirklich bewusst zu steuern, nur bis zu einem gewissen Grad. Viele wissenschaftliche Untersuchungen haben ergeben, dass unbewusst „echte", also nicht antrainierte Körpersprache ehrlicher und überzeugender wirkt.

Früher hat man z. B. im Verkaufstraining versucht, angehenden Verkäufern vermeintlich Erfolg versprechende Körpersprache anzutrainieren: Diese Haltung wirkt selbstbewusst, Sie müssen mit dieser oder jener Geste Ihre Worte unterstützen etc. Davon ist man im modernen Training und Coaching wieder abgekommen, weil man erkannt hat: Es funktioniert nicht. Irgendwie spürt der Kunde, und wenn es „nur" ein Bauchgefühl ist, dass da irgendwas nicht echt, nicht ehrlich ist.

In videounterstützten Versuchen mussten Kunden zwei Verkäufer beurteilen nach dem Kriterium „Welcher ist glaubwürdiger?". Einer der Verkäufer bediente sich seiner echten, angeborenen Körpersprache, der andere hatte sich auf hohem Niveau eine scheinbar Erfolg versprechende Körpersprache antrainiert. Eindeutiges Ergebnis: Die natürliche Körpersprache wirkte glaubwürdiger und hatte somit mehr Erfolg – intuitiv. Woran liegt das – kann man das herausfinden? Man konnte. Wenn auch nicht mit bloßem Auge. Die Videos wurden nochmals abgespielt und zwar in Zeitlupe. Dabei stellte sich heraus, dass die „echte" Geste einen Sekundenbruchteil *vor* dem gesprochenen Wort zur

Unterstützung kam, die „angelernte" Geste einen Sekundenbruchteil *nach* dem gesprochenen Wort.

Also: Versuchen Sie nicht, Ihre Körpersprache zu verändern. Schöpfen Sie nur alle Möglichkeiten aus, bringen Sie Ihre Körpersprache selbstbewusst zur vollen Entfaltung, fühlen Sie sich mit Ihrer Körpersprache wohl.

Übung: „Pimp your Körpersprache" – so wirken Sie noch selbstbewusster

Seien Sie sich Ihrer Körpersprache in den nächsten Tagen noch ein wenig bewusster als bisher, beobachten Sie sich selbst. Trauen Sie sich, sich ein wenig mehr Raum zu geben: Lassen Sie Ihre Gesten ein wenig größer werden, sitzen Sie ein wenig aufrechter, schauen Sie Ihrem Gegenüber einen kleinen Augenblick länger in die Augen (Schauen! Nicht starren!). Wie könnte ganz speziell bei Ihnen eine selbstbewusstere Körperhaltung aussehen? Wenn Sie sich sehr selbstbewusst fühlen – was verändert sich an Ihrer Körpersprache? Wie geht es Ihnen dabei? Stellen Sie eine Veränderung in der Wirkung auf Ihr Gegenüber fest? Experimentieren Sie ein wenig - spielerisch und neugierig.

Eine andere Möglichkeit, selbstbewusster zu werden – auf dem Weg über den Körper –, ist natürlich Sport. Beim Sport spüre ich meinen Körper, setze mich mit ihm auseinander, kann ihn besser kennenlernen.

Selbstbewusste Menschen haben nicht zwangsläufig den perfekten, besonders schönen Körper. Sie wollen sich aber wohlfühlen. Daher entscheiden sie bewusst: Habe ich den Körper, in dem ich mich wohlfühle? Passt mein Äußeres zu meinem Inneren? Oder möchte ich etwas ändern?

Sie kennen sicher Schlanke, die jedoch völlig ohne Selbstbewusstsein mausgrau und unscheinbar durchs Leben gehen. Und andererseits Fülligere, die nur so vor Selbstbewusstsein strotzen und eine unglaubliche Ausstrahlung haben. Ich war vor vielen Jahren in München in einer Show mit schwarzen Soul-Ladys, die Jüngste von ihnen sicher Ende 60 und allesamt für unsere Verhältnisse nicht nur füllig, sondern ziemlich dick. Ein Lehrstück dafür, welche Ausstrahlung ein gesundes Selbstbewusstsein bewirken kann! Beim Schlusssong standen die Damen allesamt in knallengen, bodenlangen, kreischend-bunten Paillettenkleidern auf der Bühne, groovten mit der Musik und flirteten ziemlich heftig mit dem Publikum. Ich sage Ihnen: Ausstrahlung, Sexappeal, Präsenz pur! Das Publikum tobte und ich hab kein einziges Mal einen abfälligen Kommentar über die Körperfülle der Damen gehört. Das ist Selbstbewusstsein: Die Botschaft „Ich fühl mich wohl mit meinem Körper, ich lebe im Frieden mit ihm, ich weiß ihn einzusetzen." Denken Sie an die Soul-Ladys, wenn Sie das nächste Mal unzufrieden in den Spiegel gucken.

Entweder Sie sind so selbstbewusst, zu ihrem Körper zu stehen. Oder Sie bringen die Power auf, etwas zu verändern! Selbstbewusste Menschen nehmen ihr Leben in die Hand, sind nicht Opfer, bewegen etwas! Und wenn es die Pfunde runter von ihrem Körper sind.

Wieder einmal: Es gibt nicht die eine richtige Entscheidung. Ich plädiere hier auf keinen Fall für Idealmaße, den perfekten Body Mass Index oder Ähnliches. Nein, ich ermutige Sie zu einer Entscheidung – egal welcher. Hauptsache, es fällt eine klare Entscheidung! Das kennen Sie jetzt ja schon als Tipp von mir!

Entscheiden Sie auch selbstbewusst, ob und wenn ja, welcher Sport der richtige für Sie ist. Schwimmen Sie nicht auf irgendeiner Modewelle mit, sondern entscheiden Sie, welche Sportart *für Sie* die richtige ist. Welche Sportart gibt Ihnen das, was Sie brauchen? Ist es eher das Auspowern oder das Entspannen dabei? Wollen Sie lieber allein sporteln oder mit anderen zusammen? In der Natur oder im Studio? Hören Sie sich um, vereinbaren Sie Probestunden, sprechen Sie mit Freunden – aber entscheiden Sie selbst, unabhängig von der Meinung anderer!

Und wenn Sie es mit Churchill halten und ganz klar „No sports!" sagen – auch gut. Dann stehen Sie selbstbewusst dazu und flüchten Sie sich nicht ständig in Ausreden nach dem Motto „zu wenig Zeit, zu schlechtes Wetter" etc.

Ein Letztes noch zum Thema Körpersprache: In diesen Bereich, also zur nonverbalen Sprache, gehört auch der Klang unserer Stimme. Wie klingen selbstbewusste Menschen? Hören Sie mal genau hin. Haben selbstbewusste Menschen stimmlich irgendwas gemeinsam? Sicherlich gibt es hohe Stimmen und tiefe, laute und leise, modulierte und unbewegliche, atemlose und Stimmen mit mehr Pausen im Sprechfluss.

Wenn Sie jetzt bestimmte Stimmen von besonders selbstbewussten Menschen „im Ohr" haben, soll dies lediglich der Analyse dienen – bitte nicht nachahmen! Es gilt, ihre ureigene Stimme zu finden und auszubauen. Wir haben ein sehr feines Gehör mit gut funktionierender Intuition: Verstellt jemand seine Stimme, spüren wir das – es wirkt nicht mehr authentisch. Und unsere Stimme transportiert eine Menge – zu ca. 38 % nehmen wir unser Gegenüber über seine Stimme wahr!

Schöpfen Sie das ganze Repertoire Ihrer Stimme aus, fördern Sie die Individualität Ihrer Stimme. Je nach Rolle, in der Sie gerade stecken, haben Sie sicher auch eine andere Stimme: Sie reden mit Ihrem Liebsten wahrscheinlich anders – nicht nur inhaltlich – als mit Ihrem Chef. Wenn Sie Ihren Sohn davon überzeugen wollen, dass die Milch groß und stark macht, klingt Ihre Stimme sicher anders, als wenn Sie sich bei Ihrer Versicherung beschweren.

Selbstbewusste Menschen arbeiten mit dem ganzen Spektrum Ihrer Stimme: Sie sprechen in der angemessenen Lautstärke – vor allem laut genug, ohne zu schreien! Wir verstehen sie auf Anhieb, ohne nachfragen zu müssen.

Diese Menschen haben eine angenehme Sprachmelodie, sie erheben oder senken ihre Stimme angepasst an die Situation, sie betonen die ihnen wichtigen Worte und setzen auf die richtige Weise Pausen ein.

Haben Sie beim Sprechen mehr Mut zu Pausen! Zum einen dient eine kurze Pause am Satzende dazu, Luft holen zu können – dann klingen Sie nie atemlos oder gehetzt. Außerdem sind Pausen ein hervorragendes Mittel, um Aufmerksamkeit zu erregen/zu erhöhen. **!**

Vor Wichtigem eine kurze Pause machen … Ihr Zuhörer hört mit Sicherheit genauer hin und ist aufmerksamer. Wir meinen häufig, ohne Punkt und Komma reden zu müssen, weil es uns sonst so ausgelegt wird, als ob wir nicht weiterwissen. Quatsch! Der Zuhörer hat zu dem von Ihnen Gesagten seinen eigenen inneren Film. Sie helfen ihm, diesem Film in Ruhe zu folgen, wenn Sie Pausen machen.

Die Stimme transportiert Stimmungen: Wärme, Weichheit, Emotion, Begeisterung, Nachdrücklichkeit, Verärgerung – all das machen wir oft schon an der Stimme fest, ganz unabhängig vom Inhalt des Gesagten.

Viel können Sie auch trainieren. Sicherlich können – und sollten – Sie Ihre Stimme nicht von Grund auf verändern. Sie können aber Ihre Fähigkeiten mehr ausschöpfen, wirkungsvoller sprechen und mit deutlich weniger Anstrengung. Wenn Sie an diesem Training besonders interessiert sind, schauen Sie sich doch einmal um nach guten Stimmtrainern.

Übungen für die Stimme

- *Ihre Stimme bekommt einen volleren Klang, wenn Sie sie „ölen" – dies können Sie mit dem „hmmmmmhhh" bewirken: Legen Sie eine Hand auf den Kopf, denken Sie an Ihre Lieblingsspeise und machen voller Inbrunst ein „hmmmh!". Spüren Sie, wie Ihre Schädeldecke dabei vibriert? Spielen Sie mit Ihrer Stimme, entdecken Sie dabei neue Klangfarben und beobachten Sie, welche Stimme Ihnen die wenigste Anstrengung bereitet.*
- *Trainieren Sie den längeren Atem: Atmen Sie mit einem „f" solange aus, bis wirklich keine Luft mehr da ist. Dann lassen Sie passiv die Luft wieder ganz natürlich einströmen und wiederholen Sie diese Übung.*
- *Lesen Sie sich oder anderen regelmäßig laut vor: Damit können Sie hervorragend die deutliche Artikulation, angemessene Atmung und die lebhafte Stimme üben – und sich von Ihren Zuhörern gleich Feedback geben lassen.*
- *Singen Sie! Im Auto, unter der Dusche – egal! Das befreit die Stimme und trainiert sie.*

- *Bei wichtigen Telefonaten: Sitzen Sie bewusst aufrecht oder stehen Sie. Dies bewirkt eine ausgeglichene Körperspannung und befreit die Atemräume. Und lächeln Sie! Das hört der andere am Telefon – ganz sicher!*

So bringen Sie Ihr Selbstbewusstsein zum Strahlen

Wie kann Ihr inneres Gefühl, selbstbewusst zu sein, nun im Äußeren sichtbar werden – wie bringen Sie Ihr Selbstbewusstsein zum Strahlen? Da gibt es viele Möglichkeiten.

Verändern Sie Ihr Äußeres!

Selbstbewusste Menschen sehen anders aus als mausgraue Schüchterne, das ist Ihnen sicher auch schon einmal aufgefallen. Selten haben wir den Mut oder die Lust, im Erwachsenenalter unser Äußeres zu verändern – warum eigentlich? Als Kinder haben wir großen Spaß daran gehabt, uns zu verkleiden, Modenschau zu spielen – auf der Bühne zu stehen. Dann haben wir irgendwann unseren Stil gefunden und das war's dann.

Ich will Sie jetzt nicht dazu überreden, Ihren Stil völlig umzukrempeln und jetzt nur noch in Papageien-Farben aufzutreten – keine Sorge. Ich möchte, dass Sie sich wohlfühlen und Ihr Selbstbewusstsein in Ihrem Äußeren zum Strahlen bringen. Gönnen Sie sich vielleicht eine professionelle Farb- und Stilberatung. Dort passieren manchmal spannende Dinge: Sie finden plötzlich ganz andere Farben – Farben, die ein wenig mutiger sind und die Ihnen hervorragend stehen. Sie lernen Kombinationsgeschick, spielen mit Accessoires. Für Frauen gibt's mehr als Ohrringe und gedeckte Farben, für Männer gibt's mehr als weiße Hemden und Nadelstreifenanzüge. Erweitern Sie Ihre Möglichkeiten!

Selbstbewusste Menschen stehen zu ihrer Figur – selbst wenn sie keine Modelmaße haben. Auch hier kann eine Beratung Wunder wirken: Profis bringen Ihnen bei, wie Sie Ihre Stärken und Vorzüge betonen können. Machen Sie nicht den Fehler, sich in zelt- oder kartoffelsackähnliche Kleidung zu verhüllen, wenn Sie ein paar Pfunde zu viel haben! Frauen mit einer sehr weiblichen Figur haben z. B. meist ein wunderschönes Dekolleté – betonen Sie es. Lenken Sie die Aufmerksamkeit auf die schmalen Stellen. Arbeiten Sie mit den richtigen Farben, Mustern und Stoffen.

Männer haben auch sehr viel mehr Möglichkeiten, als sie gemeinhin meinen: dezent-farbige Hemden, eine große Krawattenauswahl, verschiedene Schnitte der Anzüge, Schuhe. Auch im Freizeitbereich findet jeder Mann das Passende – es gibt mehr als Jeans und T-Shirt! Auch hier gilt: Probieren Sie spielerisch aus, entwickeln Sie ein klein wenig mehr Mut zu sich selbst – entfalten Sie Ihre Persönlichkeit!

Auf den Punkt gebracht

Haben Sie Spaß daran, an Ihrem Selbstbewusstsein immer wieder zu arbeiten! Nehmen Sie sich wichtige Auszeiten, zeigen Sie auch in Ihrer Körpersprache mehr Selbstbewusstsein und trauen Sie sich, mehr zu strahlen – verändern Sie Ihr Äußeres, machen Sie auf sich aufmerksam.

Nie wieder Zweifel? Quatsch! Richtiger Umgang mit Krisen

Einmal selbstbewusst – immer selbstbewusst? Schön wär's, oder? Obwohl – wäre das eigentlich nicht langweilig, keine Chance für Weiterentwicklung mehr zu haben? Wäre das nicht irgendwie ... so fertig, abgeschlossen, beendet – wenig lebendig?

Und wissen Sie was? Ich behaupte sogar, dass *gerade* selbstbewusste Menschen immer wieder Zweifel haben, Krisen durchleben. Nur wenn ich mir meiner selbst bewusst bin, hinterfrage ich mich und mein Handeln immer wieder. Ich hinterfrage – ich stelle nicht infrage! Das ist wichtig und macht den feinen Unterschied aus zwischen selbstbewussten und unsicheren Menschen. Sagen Sie diese beiden Sätze mal laut vor sich hin und spüren Sie den Unterschied: Ich hinterfrage mich. Ich stelle mich infrage.

Im Chinesischen haben die Worte „Krise" und „Chance" dasselbe Zeichen, das „Gelegenheit" bedeutet. Und im Griechischen steht das Wort „krisis" nicht für etwas Aussichtsloses, sondern für „Höhe- oder Wendepunkt einer gefährlichen Lage".

Krisen gab es schon immer – in allen Gesellschaften und Kulturen. Krisen treten oft in Übergangsphasen auf. Der Übergang vom Kind zum Mann, der Übergang von Ausbildung zum Beruf, der Übergang vom Berufsleben in die Rente, Umzug, Trennung, Tod – all das sind Übergänge. Dann ist Abschied von Altem angesagt und Mut für das Neue. Nicht umsonst gibt es in vielen Völkern Initiationsrituale, die z. B. Jugendlichen den Übergang vom Kind zum

Erwachsenen bewusst machen und erleichtern sollen. Dies ist ein wunderbarer Weg, mit einer Krise umzugehen.

Das Entscheidende ist nicht die Krise – das Entscheidende ist das, was Sie daraus machen. Wieder einmal – Sie haben die Wahl … immer!

Sie können in einer Krise in tiefe Depression verfallen und ohnmächtig vor sich hin leiden. Sie können mit Gott und der Welt hadern, „die anderen sind schuld!" schimpfen und sich im Selbstmitleid suhlen. Damit wir uns recht verstehen: Sie werden vielleicht, wenn die Krise über Sie hereinbricht, erstmal den Boden unter den Füßen verlieren. Das ist verständlich und völlig in Ordnung. Sie werden klagen, weinen, hadern mit der Welt, sich die Haare raufen, schimpfen, Angst haben – alles in Ordnung. Nur irgendwann – ja, irgendwann haben Sie dann wieder die Wahl: Wollen Sie in der Krise stecken bleiben oder den Willen aufbringen, aus der Krise herauszukommen? Und zwar gestärkt, reicher und reifer! Eine Krise ist eine unglaublich große Chance, zu lernen, etwas zu verändern, es besser zu machen.

Schaffen Sie es, das so zu sehen?

In der Psychologie, genauer gesagt im NLP (neurolinguistisches Programmieren), gibt es eine Methode, die „reframing" heißt. „Frame" bedeutet „Rahmen" – „reframing" ist also eine Methode, um Informationen, Situationen und Ereignissen einen neuen Rahmen zu verleihen. Man könnte es auch als positives Umdeuten bezeichnen.

Das Glas ist halb leer oder halb voll, oder: Mach das Beste daraus.

Ein Reframing-Beispiel aus meinem Freundeskreis:

Der erste Schnee in Hamburg, meine Freundin K. ist mit dem Wagen unterwegs und prompt rutscht ihr ein Porsche in die Seite! Sie könnte jetzt wüten, jammern, schimpfen. Was hat sie stattdessen gemacht? Sie stieg aus, sah eine Dame im edlen Wintermantel aus dem Porsche steigen und grinste: „Naja, den Pelz haben Sie ja gefunden, wie wäre es nun mit den Winterreifen?"

So ein reframing klappt nicht immer, sicher. Das ist auch von unserer Tagesform, der Schwere des Vorfalls bzw. der Krise und den beteiligten anderen Personen abhängig. Aber jedes kleine Mal, wo es klappt, ist besser als nichts!

Es geht immer wieder darum, sich nicht zum Opfer von Krisen zu machen, weil Sie diese Haltung in die Ohnmacht bringt. Fragen Sie sich ehrlich: Beeinflussen Sie die Umstände oder beeinflussen die Umstände Sie?

Es geht nicht darum, unreflektiertes und unverhältnismäßiges „think positive!" anzuwenden. Aus Krisen werden nicht auf einmal Glücksfälle, aus Ihrem Ärger kann nicht auf einmal die gute Laune werden. Es geht um kleine Nuancen, um die Verhältnismäßigkeit.

Übung: Versuchen Sie, folgende Sätze umzudeuten, ihnen einen neuen Rahmen, eine positivere Bedeutung zu geben:

Beispiel: Aus „Oh Gott, am Wochenende kommt schon wieder meine Schwiegermutter!" kann vielleicht werden: „Auch wenn sie manchmal ein wenig lästig ist, aber ich find es toll, dass die Familie so zusammenhält und die Kinder die Oma in der Nähe haben!"

- *Oh wie ärgerlich! Ausgerechnet in meiner Größe gibt's diese Traumschuhe nicht mehr!*
- *Jetzt hab ich meine Bewerbungen schon an zwölf Unternehmen geschickt – nur Absagen bisher!*
- *Ich hab's so satt! Ständig falle ich wieder auf solche Typen rein! Warum finde ich nicht endlich mal den richtigen Mann für mich?*
- *Oh, Himmel – warum muss meine Kollegin immer so anstrengend und begriffsstutzig sein!?*
- *Ich kann das einfach nicht!*

Wenn Ihr Selbstbewusstsein also einmal in der Krise steckt, dann fragen Sie sich bitte:

- Warum könnte diese Krise gerade genau das Richtige für mich sein?
- Welchen Lerneffekt birgt für mich diese Krise?
- Welche Chance steckt in dieser Krise?
- Welcher versteckte Gewinn ist in der Krise?
- Wie könnte ich diese Krise noch interpretieren?
- Was würde ich empfinden, wenn ich in der Krise etwas Gutes sähe? Wie würde es mir gehen?
- Was kann und will ich tun?

Sicher müssen Sie sich nicht heroisch mit jeder Krise anfreunden. Vielmehr geht es darum, sich von Krisen nicht völlig aus der Bahn werfen zu lassen, sie nicht als Scheitern zu sehen – höchstens als kleine Bremse im Fortschritt. Dann können Sie deutlich gelassener und auch experimentierfreudiger mit Krisen umgehen.

Max Frisch (1911–91), Schweizer Schriftsteller, sagte einmal: „Krise kann ein produktiver Zustand sein. Man muß ihr nur den Beigeschmack der Katastrophe nehmen."

Wo Licht ist, ist auch Schatten – cooler Umgang mit Angriffen

Es hat auch Vorteile, wenig Selbstbewusstsein zu haben. Wie bitte? Jetzt haben wir das gesamte Buch darüber geredet, wie Sie mehr Selbstbewusstsein bekommen können und jetzt komme ich Ihnen mit so was? Ich muss zugeben, dieser Satz birgt schon eine gewisse Ironie – aber auch den berühmten Funken Wahrheit.

Wenn Sie mit wenig Selbstbewusstsein durch die Welt gehen, fallen Sie nie wirklich auf. Sie sind nicht auf der Bühne, sondern hübsch unauffällig im Dunkeln. Sie sind eher graues Mäuschen als bunter Vogel. Sie sind höchstens ein bisschen erfolgreich und haben nur zu ganz wenigen Dingen wirklich etwas zu sagen, sie sind eher Mainstream als mit Ecken und Kanten.

So – wenn dies alles zutrifft, dann haben Sie wenigstens keine Neider und bieten auch keine große Angriffsfläche. Man lässt Sie in Ruhe! Gut so. Gut so??

Nein, das glaube ich Ihnen nicht mehr. Sie haben inzwischen Spaß am Selbstbewusstsein bekommen, möchten es in Ihrem Leben nicht mehr missen, nicht wahr?

Sie stehen zwischendurch mal gerne auf der Bühne, werden gerne gesehen, machen gerne den Mund auf. Sie treten für sich ein, kennen und vertreten Ihre Bedürfnisse, sagen auch mal „Nein!". Und genau damit werden Sie mehr gesehen, stehen öfter im Licht – und ziehen dadurch auch mehr Neider an als früher.

Menschen mit Selbstbewusstsein können andere Menschen mit Selbstbewusstsein gut auf Augenhöhe ertragen. Menschen mit wenig Selbstbewusstsein müssen sich ihre vermeintliche Kraft oft daraus ziehen, indem sie sich über andere stellen, andere schlechter aussehen lassen als sie selbst. „Nur wenn der andere nicht so gut ist, bin ich besser!" Menschen mit weniger Selbstbewusstsein können auch weniger gönnen, können sich nicht so sehr von Herzen mitfreuen über Ihre Erfolge, suchen das „Ja, aber" und die Haare in der Suppe.

Robert Lembke soll einmal gesagt haben:

Mitleid bekommt man geschenkt, Neid muss man sich verdienen.

Sehen Sie es positiv – wenn man auf Sie neidisch ist, dann sind Sie erfolgreich, können etwas mehr als andere, haben Besseres vorzuweisen.

Das Wichtigste, was ich Ihnen zum Thema Neider mitgeben möchte: Das ist nicht in erster Linie Ihr Thema, sondern das Ding des Neiders! Machen Sie es gar nicht erst zu Ihrem Thema! Wer hat das Problem – Sie oder er? Eben! Ziehen Sie sich den Schuh nicht an. Es gibt mehrere Möglichkeiten, effektiv und kräftesparend mit Neidern und Angriffen umzugehen:

Ignorieren Sie die Neider!

Oft gießen Sie nur Öl ins Feuer, wenn Sie auf Angriffe eingehen, zu kontern versuchen oder gar den Fehler begehen, sich zu rechtfertigen. Damit geben Sie dem Angreifer neues Futter, er ist noch im Spiel. Nicht umsonst heißt es: Wer sich rechtfertigt, hat Unrecht. Oder auch: Wer sich rechtfertigt, klagt sich an. Wenn Sie sich rechtfertigen, kann Ihr Neider wieder antworten, dann rechtfertigen Sie sich weiter … so behält er die Fäden in der Hand.

Wenn Sie es schaffen, auf Durchzug zu schalten und den Mund zu halten, dann läuft er ins Leere und findet keine Angriffsfläche mehr. Wenn also er oder sie stichelt, haben Sie das einfach nicht mitbekommen.

Seien Sie spielerisch schlagfertig!

Wenn ein Kollege neidisch auf Ihren Erfolg ist und Sie das immer mehr merken lässt – wie reagieren Sie? Ab einem gewissen Zeitpunkt, ab einer gewissen Penetranz ist Ignorieren nicht mehr ratsam. Die nächste Stufe könnte sein: Gehen Sie selbstbewusst, souverän und mit einem Augenzwinkern auf ihn ein. Nehmen Sie ihm den Wind aus den Segeln, indem Sie auf Vorwürfe nicht verärgert reagieren, sondern eher belustigt. Bringen Sie als Antwort auf schnippische Bemerkungen Leichtigkeit und Humor mit ins Spiel.

Schlagfertig gekontert!

Reagieren Sie auf ein schnippisches: „Ganz schön gewagt, Ihre seltsame Argumentation!“ mit einem fröhlichen: „Ja, nicht wahr? Frechheit siegt!“

Kontern Sie ein hämisches: „Sie machen jetzt hier einen auf Platzhirsch, was!?“ mit einem schelmischen: „Angst vor großen Tieren?“

> **!** Antworten Sie auf ein abfälliges: „Sie wollen jetzt wohl hier das große Geld abzocken, was?“ mit einem ehrlichen: „Ja, ich verdiene gerne gutes Geld. Sie nicht?“

Wichtig dabei ist natürlich immer, dass Sie oberhalb der Gürtellinie bleiben, nicht verletzen und Ihre Leichtigkeit und das Augenzwinkern nicht in Häme oder bösen Sarkasmus abdriften lassen. Sie haben es nicht nötig – bleiben Sie gelassen, souverän und somit selbstbewusst.

Setzen Sie klare Grenzen!

Irgendwann ist das Maß voll. Wenn also weder Ignorieren noch humorvolle Schlagfertigkeit mehr helfen, dann sind deutliche Worte angesagt. Sie haben die Wahl der Mittel in der Hand, entscheiden Sie selbst, was angebracht und hilfreich ist und Ihrem Typ entspricht.

- Wenn Ihr Gegenüber beleidigend wird, dann können Sie ihn selbstbewusst genau darauf ansprechen: „Was versprechen Sie sich davon, jetzt beleidigend zu werden?“
- Sie können sich selbstbewusst den Ton verbitten, wenn Ihr Gegenüber zu frech wird: „Ich möchte nicht, dass Sie so mit mir reden!“

Ganz wichtig hierbei: Bleiben Sie souverän und ruhig. Wenn Sie losschimpfen, wenn Sie auf seinen aggressiven Ton genauso aggressiv reagieren, dann hat er Sie wieder in der Hand, dann geht das Spiel weiter.

Selbstbewusste Menschen wie Sie beherrschen die gesamte Klaviatur – Ihr Gegenüber merkt also genau, dass es Ihnen jetzt sehr ernst ist: Schluss mit lustig.

Senden Sie kongruente Nachrichten aus: Nonverbale Sprache, also Ihre Körpersprache, und verbale Sprache müssen in dieselbe Richtung gehen. Nur dann sind Sie glaubwürdig und Ihre Botschaft kommt an. Wenn Sie also sauer sind, dann lächeln Sie nicht bei Ihren Worten – das nimmt die Wirkung gleich wieder weg. Blicken Sie Ihrem Gegenüber selbstbewusst in die Augen, bleiben Sie ernst und sprechen Sie mit klarer und deutlicher Stimme.

Übung: So setzen Sie richtig Grenzen!

Wem in Ihrem Umfeld wollen Sie endlich Grenzen setzen? Der Kollegin, die ständig stichelt? Der Freundin, die neidisch ist auf Ihre Beziehung und deshalb versucht, sie schlechtzumachen? Vielleicht sogar Ihrem Vorgesetzten, der Sie immer mit Extra-Arbeit zuschüttet?

Entscheiden Sie, ob Sie sich weiter ärgern wollen oder still vor sich hin leiden, oder ob Sie etwas ändern wollen! Solche Menschen rauben Ihnen ungemein viel Energie, Zeit und Motivation – das muss nicht sein.

Wenn Sie den Kandidaten ausgemacht haben, dann bereiten Sie sich vor. Was ärgert/kränkt oder verletzt Sie konkret? Auf welche „Knöpfe" drückt dieser Mensch bei Ihnen? Wie schafft er es, Sie auf die Palme zu bringen?

Beantworten Sie sich diese Fragen in Ruhe und ehrlich. Danach überlegen Sie, wie und was Sie ihm sagen wollen. Wann ist ein geeigneter Zeitpunkt, eher in der Firma oder beim Kaffee, eher am Telefon oder persönlich, was wollen Sie genau erreichen, welches Ziel haben Sie?

Und dann: Üben Sie! Sie sollen keine Rede auswendig lernen. Aber Sie sollen lernen, sich trotz Klarheit und Eindeutigkeit Ihrer Aussagen wohl in Ihrer Haut zu fühlen. Und wenn Sie wirklich laut üben – entweder mit einem kritischen guten Zuhörer, der Ihnen Feedback gibt oder auch mit der Schreibtischlampe, vielleicht mit Rekorder, Hauptsache, laut und nicht nur gedacht! –, reden Sie nicht lang herum, bringen Sie das, was Sie sagen wollen, auf den Punkt, schmeißen Sie „Watte-Verpackungen" Ihres Klartextes raus.

Warum immer gut drauf?

Geben Sie auch mal zu, wenn es Ihnen nicht gut geht

Meinen Sie, selbstbewussten Menschen geht es immer blendend, sie sind immer gut gelaunt und sicher? Gehen nur souverän durchs Leben, haben für alles eine Lösung und sitzen nie in schwarzen Löchern?

Auch selbstbewusste Menschen sind *Menschen*! Und Menschen „funktionieren" nicht wie Roboter immer gleich gut, auch sie haben natürlich Krisen, auch sie plagen manchmal Zweifel. Es gibt allerdings einen Unterschied: Selbstbewusste Menschen versuchen nicht krampfhaft, gute Mine zum bösen Spiel zu machen, sich stets super souverän zu zeigen und keinesfalls in sich hineinblicken zu lassen. Sie haben nicht die Befürchtung, dass sofort ihr Ruf ruiniert ist und das ganze Kartenhaus zusammenfällt, wenn sie mal zu Schwäche und Zweifel stehen.

Welcher Zacken bricht Ihnen wohl aus der Krone, wenn Sie zugeben: Momentan bin ich alles andere als selbstbewusst. Gerade bin ich eher ratlos, zweifelnd, kleinlaut. Sie müssen das natürlich nicht jedem ständig auf die Nase binden, schließlich geht das manche Menschen einfach nichts an. Aber es darf sein! Und glauben Sie mir: Es kommt gut an!

Meinen Sie denn, dass zum Beispiel „Die Frau fürs Selbstbewusstsein" (deren Buch Sie gerade lesen!) immer gut drauf ist, immer über alle Zweifel erhaben und nie am Hadern ist? Oder dass sie immer schon, quasi von Geburt an, selbstbewusst war?

Weit gefehlt! Auch ich habe meine Höhen und Tiefen. Auch ich zweifle, weiß mal nicht weiter, habe Ängste oder Schicksalsschläge zu verarbeiten. Und da nützt mir mein ganzes Wissen um dieses Thema nichts. Dann ist das schwarze Loch da, es tut weh und ich leide.

Eine Zeitlang erlaube ich mir auch eine gute Portion Selbstmitleid, das braucht die Seele manchmal. Dann ist die ganze Welt grau, kein Lichtblick am Horizont, es ist kalt und schrecklich um mich herum.

Dann erinnere ich mich an diesen Satz von M. Kathleen Casey:

„Schmerz ist unvermeidlich, Leiden ist freiwillig."

Es liegt meist an mir selbst, wie lange ich (noch) leiden möchte. Wenn ich mich bewusst dafür entscheide, noch eine Weile weiterzuleiden – gut: Dann brauche ich die Zeit und den Rückzug in mein Schneckenhaus noch. Aber ich habe die Wahl!

Und dann entscheide ich mich dafür, dass ich auch mal wieder bunte Farben sehen möchte, dass ich nicht mehr leiden und zweifeln will und meine Ängste wieder in den

Griff bekommen möchte. Ich möchte mein Leben wieder in die Hand nehmen.

Noch ein heißer Tipp aus eigener Erfahrung: Auch selbstbewusste Menschen – nein, *gerade* selbstbewusste Menschen können um Hilfe bitten. Glauben Sie mir: Es tut nicht weh und ich wurde noch nie schief angesehen, wenn ich in Krisenzeiten um Hilfe bat. Ich hab weder gehört noch empfunden, dass Menschen dann sagen: „Also wirklich, die Frau fürs Selbstbewusstsein müsste das eigentlich allein schaffen!" So etwas findet nur in unseren Köpfen statt!

Wenn ich um Hilfe und Unterstützung bitte, helfen und unterstützen mich die Menschen. So einfach ist das. Dann muss ich mein Leid nicht ganz allein tragen, muss nicht allein nach Lösungen suchen – sie geben mir Kraft, Energie und Zuversicht. Keiner sieht mich komisch an. Im Gegenteil!

Außerdem schaffen Sie dadurch noch etwas anderes Großartiges: Sie holen solche Themen wie Angst, Zweifel, Hilflosigkeit raus aus der Tabuzone! Und das ist so wichtig! Es ist nicht immer „ois easy" im Leben, nicht immer ist alles „Tschakkaa, wir schaffen das!".

Und es setzt enorm unter Druck, immer diesen Schein aufrechterhalten zu wollen, um ja nicht unangenehm aufzufallen. Trauen Sie sich und tun Sie damit ein gutes Werk! Reden Sie über Ihre Ängste, vertrauen Sie sich an und Sie werden sehen: Auch anderen geht es so (sogar oft genug auch Menschen, von denen Sie nie erwartet hätten, dass sie manchmal voller Ängste und Zweifel sind!). Geteiltes Leid ist nur noch halb so schlimm – außerdem können Sie sich Tipps holen und sich für die nächsten Krisen gut vernetzen.

Mehr rund ums Thema Angst und dem richtigen Umgang damit gibt's in meinem zweiten Ratgeber in der beck-kompakt-Reihe: „Angstfrei arbeiten. Selbstbewusst und souverän im Job."

Sicher darf unser Ziel sein, dass es uns wieder gut geht, dass wir raus aus dem Tal kommen. Aber zuerst steht einmal etwas anderes an, was ich Ihnen dringend ans Herz legen möchte: Das Annehmen und Akzeptieren!

Wiliam James, einer der Gründer der modernen Psychologie sagte dazu:

„Der allererste Schritt im Umgang mit Schwierigkeiten ist die Bereitschaft, sie anzunehmen."

Und die Indianer wissen: „Der Weg ist dort, wo die Angst ist." Klingt schmerzhaft, ich weiß. Ist auch schmerzhaft, aber wichtig! Der Weg zur Heilung geht *immer* durch den Schmerz. Jede Krise, jeder Schmerz, jeder Zweifel will uns etwas sagen, auch wenn das jetzt komisch klingen mag. Und deshalb müssen wir hinhören, ganz genau hinhören.

Ich stelle im Coaching immer wieder folgendes interessante Phänomen fest: Ein Klient kommt in einer tiefen Krise mit vielen Ängsten und Zweifeln zu mir. Er erzählt davon und berichtet auch, was er schon alles versucht hat, dort herauszukommen. Er erwähnt die diversen Ratschläge seiner Freunde und Familie. Und er geht sehr hart mit sich ins Gericht:

> ***Frank, 56 Jahre, arbeitslos wg. Insolvenz seiner Firma:***
>
> *„Wissen Sie, ich sollte mich nicht so hängen lassen. Klar ist das furchtbar mit der Arbeitslosigkeit. Aber das trifft viele und es bringt doch nichts, wenn ich ständig rumheule,*

oder? Das sagen mir alle! Ne richtige Memme bin ich geworden! Mein Bruder hat mich gestern geschüttelt und gemeint ‚Mensch, jetzt jammer hier nicht rum und komm in Bewegung!' Ich weiß ja – aber es ist so schwer!"

Ich bin ja auch ein großer Freund von Lösungsorientierung, vom Blick nach vorn. Im Coaching ist das auch *immer* das Ziel unserer Arbeit. – Nur: Manchmal ist es dafür noch zu früh!

Sie glauben gar nicht, wie erleichtert Frank aufatmete, zusammensank und ganz ruhig wurde, als ich ihm nur einen Satz in dieser Stunde mit auf dem Weg gab: „Vielleicht ist es noch zu früh zum Wieder-Aufstehen?"

Ja, manchmal ist es noch nicht an der Zeit, schon wieder aus dem schwarzen Loch zu krabbeln. Dann muss man sich dem Schmerz noch ein kleines Weilchen länger hingeben, sich in ihn fallen lassen… und ihn sich anschauen.

Es ist manchmal noch zu früh für ein „So, jetzt packen wir's an und alles wird wieder gut!". Manchmal hat noch nichts anderes Platz als ein „Ja, es ist im Augenblick sehr schlimm. Einfach nur sehr schlimm. Und das tut weh!"

Verfallen Sie nicht in die immerwährende Starre des Kaninchens vor der Schlange, wenn Sie in einer Krise stecken. Verfallen Sie aber bitte auch nicht in übertriebenen Aktionismus! Ertragen Sie den Schmerz, laufen Sie nicht weg davor, nehmen Sie ihn an und akzeptieren Sie ihn.

Erst dann, ganz allmählich, wird es weniger weh tun. Sie werden ruhiger, der Kopf wird klarer, im Herzen ist mehr Mut. Erst dann machen Sie sich auf zu den Lösungen. Und dann werden Sie den Weg dorthin auch finden. Und nicht vergessen: Bitten Sie um Hilfe und Unterstützung! Und versuchen Sie dabei, möglichst klar und eindeutig zu sagen, was Sie brauchen. Die Menschen in unserer Umgebung sind oft unsicher und wissen nicht, was sie uns Gutes tun können. Also sagen Sie es deutlich: Wollen Sie Ablenkung? Brauchen Sie ein Gespräch? Möchten Sie verwöhnt, bekocht werden? Wollen Sie einfach stumm in den Arm genommen werden? Brauchen Sie praktische Hilfe wie Einkauf, Haushalt oder Fahrtdienste? Wenn Sie sich darüber klar werden, was Sie gerade brauchen – dann handeln Sie wieder einmal im wahrsten Sinne des Wortes selbst-bewusst.

Nobody is perfect – und Perfektionismus ist anstrengend

Es gibt einige Probleme und Krisen, die sind eindeutig selbst gestrickt, die basteln wir uns selbst. Und eines davon ist ganz eindeutig: Übertriebener Perfektionismus!

Keule statt Umarmung

Auch selbstbewusste Menschen sind davor nicht gefeit. Wer etwas geleistet und erreicht hat, wer erfolgreich ist, will oft schnell mehr davon. Wir wollen besser sein, erfolgreicher, schöner, beliebter. Wir vergleichen uns dann gern mit anderen und merken erschrocken: Mein Kollege ist erfolgreicher, mein Nachbar hat ein größeres Auto, meine Freundin verdient mehr Geld. Außerdem haben viele von uns in der Kindheit Lob und Anerkennung, letztendlich

Liebe, nur dann bekommen, wenn die Leistung stimmte, wenn der Erwachsene zufrieden mit uns war.

Und in einer Krise droht die Gefahr, dass der innere Antreiber wieder laut wird. Die Stimme in uns, die uns meist nicht gut tut, uns immer zu Höchstleistungen peitschen will – Sie erinnern sich? Und dann setzt sich schnell in unserem Kopf fest: Ich bin nur etwas wert, wenn ich der/die Beste bin. Ich werde nur geliebt, wenn ich besonders erfolgreich, schön, interessant, eloquent oder reich bin. Dann treten wir in den anstrengenden Wettkampf mit uns selbst – ausgerechnet in der Krise, wo es uns sowieso schon schlecht geht und wir eigentlich uns Gutes tun müssten.

Wir packen die Keule aus, anstatt uns in den Arm zu nehmen. Perfektionismus ist immer anstrengend, ganz besonders allerdings, wenn wir in einer Krise stecken.

Perfektionismus schränkt ein

Wenn zu viel Perfektionismus unser Leben bestimmt, dann haben wir nicht besonders viele Möglichkeiten – nein, im Gegenteil: Perfektionismus schränkt uns in unserem Denken, Fühlen und Handeln enorm ein. Wir erlauben uns dann nämlich nicht mehr ganz viele verschiedene Möglichkeiten und Richtungen, in die wir uns bewegen und entwickeln können – wir suchen *die eine, die beste*!

Julia Cameron hat in ihrem Buch „Der Weg des Künstlers" den interessanten Satz geschrieben:

„Perfektionismus ist die Weigerung, sich die Erlaubnis zu geben, sich vorwärts zu bewegen!"

Und dann bewegen wir uns nicht, sondern warten: Auf die beste Möglichkeit, perfekt zu sein. Und bevor wir die nicht gefunden haben, bewegen wir uns vorsichtshalber nicht von der Stelle, halten lieber still … und warten weiter.

Weil: Wenn wir uns bewegen und entwickeln würden, dann könnten wir ja Fehler machen nach dem Trial-and-Error-Prinzip, dann könnten wir ja Rückschläge erleiden, dann wären wir weiter weg vom Perfekten als je zuvor. Und aus lauter Angst davor bewegen wir uns lieber gar nicht – und warten. Also mein Tipp:

> Verabschieden Sie sich von Ihrem Perfektionismus – er tut Ihnen nicht gut! Nehmen Sie sich vor, nicht mehr perfekt sein zu wollen, sondern einfach so gut, wie es Ihnen möglich ist. Das reicht völlig.

Dann haben Sie nämlich auch viel schneller den Mut, Neues auszuprobieren, einen Schritt nach vorne zu machen. Und wenn es der falsche Weg ist – gut, dann sind Sie um eine Erfahrung reicher und versuchen es anders. Das ist nicht so anstrengend und birgt viel mehr Möglichkeiten und Chancen.

Und noch einen großen Vorteil hat der Abschied vom Perfektionismus: Es bringt Sie den Menschen näher! Perfektionismus macht nämlich einsam, weil er abschreckt, weil er Menschen irgendwie zu Übermenschen und damit unnahbar macht. Anderen Menschen ist solch ein Mensch schnell unheimlich und sie lassen lieber die Finger von ihm. Und wer perfektionistisch durchs Leben geht, sieht schnell in seinen Mitmenschen nicht Mitmenschen, sondern Konkurrenten. Der andere könnte ja besser sein, erfolgreicher, beliebter, reicher. Daher wird der Perfektionistische nie wirklich in sich hineinschauen lassen, sich lieber nicht öffnen, um nicht Gefahr zu laufen, überholt zu werden.

Ich weiß, dieser Schritt ist oft sehr schwer. Wer ein Leben lang nach Perfektionismus gestrebt hat, der glaubt, die Welt bricht zusammen, wenn er es nicht mehr tut. Es erfordert Mut – viel Mut und Energie. Ich wünsche sie Ihnen von Herzen! Sie schaffen das!

Übung: Weniger perfekt ist mehr!

Hier finden Sie einige Ideen, wie Sie Schritt für Schritt den Weg aus Ihrem Perfektionismus heraus finden:

- *Wählen Sie einen Bereich, in dem Sie besonders perfekt sein wollen. Schreiben Sie auf kleine Zettel jeweils eine Zahl von 1 bis 10. Legen Sie die Zettel vor sich auf den Boden der Reihe nach. Diese Reihe ist eine Skala von kaum perfekt = 1 bis absolut perfekt = 10 in dem von Ihnen gewählten Bereich. Entscheiden Sie spontan, wo Sie sich auf dieser Skala im Augenblick befinden und stellen Sie sich auf diesen Zettel – also z. B. auf die 3. Für den Abschied vom Perfektionismus: Spüren Sie genau in sich hinein, bei welcher Zahl ein guter Wert liegen würde, mit dem Sie schon zufrieden sein könnten. Probieren Sie ruhig ein wenig aus, stellen Sie sich mal auf die eine Zahl und mal auf die andere. Lerneffekt: Es muss nicht immer die 10 sein – der Weg von 3 zu z. B. 7 ist kürzer und leichter.*
- *Hören Sie auf, sich ständig mit anderen zu vergleichen! Dadurch entfernen Sie sich immer wieder von sich selbst, Sie schauen nicht auf sich, sondern auf die anderen. Andere sind anders – nicht zwangsläufig besser. Nehmen*

Sie sich gute Vorbilder, Mentoren – Menschen, die Sie fördern und unterstützen. Aber versuchen Sie nicht ständig, erfolgreicher als Herr Meier und schöner als Frau Müller zu sein! Verhandeln Sie von Zeit zu Zeit wieder mit Ihrem inneren Antreiber. Wir sprachen ja schon mehrfach im Buch über diese inneren Stimmen. Ihr innerer Antreiber meint es vermeintlich gut mit Ihnen – überzeugen Sie ihn davon, dass Sie es am besten wissen, was gut für Sie ist. Danken und wertschätzen Sie ihn, er darf auch bleiben und hin und wieder den Mund aufmachen – aber Sie sind der Chef.

Noch ein paar Ideen

Liebe Leser, ich wünsche mir, dass ich Sie ein wenig anstecken konnte mit meiner Begeisterung und Neugier für das Thema Selbstbewusstsein. Nicht umsonst bin ich seit vielen Jahren leidenschaftlich gern Coach und Trainerin. Es gibt nichts Spannenderes als die Arbeit mit Menschen! Neugier auf Menschen – das ist meine Leidenschaft und Berufung.

Und außerdem begleitet mich das Thema Selbstbewusstsein durch mein eigenes Leben auch schon sehr lange, mit allen Höhen und Tiefen. Ich selbst habe viel gelernt bzw. lernen müssen zu diesem Thema und ich werde nie aufhören zu lernen.

Es gibt so viele Möglichkeiten, an seinem Selbstbewusstsein zu arbeiten. Wobei das nicht heißen soll, dass Sie ständig daran „arbeiten" sollen – das klingt ja ungemein anstrengend. Nein, genießen Sie es zwischendurch! Einfach so. Es ist ein gutes Gefühl, selbstbewusst, sich seiner selbst bewusst zu sein. Es macht mich gelassen, unabhängiger von der Meinung anderer, stolz, energievoll und ruhig.

Wenn Sie alle Übungen im Buch durchgearbeitet haben: Respekt, da haben Sie eine ganze Menge geleistet! Falls Sie noch Lust haben, gebe ich Ihnen noch ein paar weitere Übungen mit auf dem Weg – vielleicht für später:

Übung: 100 Dinge, die mir am liebsten sind (wenn Sie mal wieder im Mangel-Denken stecken).

- *Nehmen Sie sich wieder Ihr Buch heraus und beginnen Sie eine Liste anzulegen mit 100 (nicht 5, nicht 20, nein: 100! Das ist gar nicht so einfach!) Dingen, die Sie besonders gern mögen. Auf meiner Liste stehen z. B. Dinge wie „blaues Glas" oder „eisgekühlter Champagner", aber auch „Meeresrauschen auf Rügen" oder „Gedankenruhe".*
- *Beantworten Sie sich ausführlich und spontan – lassen Sie die Gedanken einfach aufs Papier fließen, ungefiltert und unzensiert – die Frage: „ Was täte ich, wenn ich allen Mut der Welt hätte?"*
- *Eine Frage, die vielleicht tiefer geht und deren Beantwortung vielleicht auch schmerzhaft sein kann: Gehen Sie deshalb achtsam damit um: „Wenn ich einmal sterbe: Was würde ich bereuen, nicht getan, gesagt, versucht oder erlebt zu haben?"*
- *Oder Sie blicken im Geiste zurück auf Ihr Leben: Wie möchten Sie darüber am liebsten erzählen auf Ihrem 80. Geburtstag? Stellen Sie sich vor, eine große Feier und Ihre Familie und Ihre Freunde fragen Sie: Wie war dein Leben? Was möchten Sie gerne erzählen? Wie soll Ihr Leben Ihrer Vorstellung nach gewesen sein?*

- *Basteln Sie eine Collage zum Thema Selbstbewusstsein – Bilder wirken deutlicher und unmittelbarer ins Unterbewusstsein: Kaufen Sie zwei verschiedene Zeitschriften (eine davon sollte „Stern" sein wegen der vielen Bilder und der großen Schrift), ein großes Tonpapier in „Ihrer" Farbe, Kleber, Stift. Sorgen Sie dafür, dass Sie ungestört sind und stimmen Sie sich mental und im Herzen auf Ihr Selbstbewusstsein ein: Wie geht es ihm, was braucht es im nächsten Jahr, wo geht's hin? Dann eine halbe Stunde lang spontan ausschneiden, was Ihnen beim Durchblättern entgegenspringt. Nicht filtern, nicht überlegen – nur ausschneiden. Dann wieder eine halbe Stunde die Collage kleben, spontan, intuitiv – erst am Ende in Ruhe betrachten und sich überraschen lassen. An einem gut für Sie sichtbaren, geschützten Platz aufhängen.*

All das kann Ihnen dazu dienen, sich manchmal wieder auf sich selbst zu besinnen. Nehmen Sie sich weiter wichtig, stellen Sie sich zumindest ab und zu ganz bewusst in den Mittelpunkt Ihres Lebens!

Je mehr Selbstbewusstsein Sie haben, desto bunter und spannender ist das Leben für Sie, desto weniger Angst haben Sie davor. Werden Sie noch mutiger und neugieriger auf Ihr Leben, vertrauen Sie dem Leben und sich – vertrauen Sie sich dem Leben an.

Und wenn es mal Tiefpunkte und dunkle Täler gibt, wenn Sie die Zweifel wieder einholen: Das macht nichts – es gehört zum lebendigen Leben dazu. Gönnen Sie sich die Auszeit einer Krise, stellen Sie sich ihr und besinnen Sie sich dann allmählich wieder auf Ihre Ressourcen, die Sie aus der

Krise herausführen können. Sie schaffen das – seien Sie sich sicher!

Versuchen Sie nicht, wie die anderen zu sein – von denen gibt's genug. Seien Sie sich Ihrer selbst so bewusst, dass sie merken, wie einzigartig Sie eigentlich sind.

Meine Lieblingssätze dazu stammen von Hermann Hesse:

Augenblicke

Jeder Mensch ist nicht nur er selbst,
er ist auch der einmalige,
ganz besondere,
in jedem Fall wichtige
und merkwürdige Punkt,
wo die Erscheinungen
der Welt sich kreuzen,
nur einmal,
so und nie wieder.

Seien Sie sich Ihrer selbst bewusst, haben Sie Spaß daran und lassen Sie es sich gut gehen!

Auf Wiederlesen, Wiedersehen, Wiederhören!

Ihre Bettina Stackelberg

Stichwortverzeichnis

Die Autorin

Bettina Stackelberg, Germanistin, ist seit 1991 selbstständige Trainerin und Coach. Der rote Faden, der sich durch ihre Arbeit zieht, ist das Thema Selbstbewusstsein. Für Kunden wie z. B. MAN, BMW oder Siemens behandelt sie in ihren Seminaren Themen wie Kundenorientierung, Kommunikation, Teamarbeit und Stressbewältigung. Sie sieht sich als Begleiterin, die ihre Klienten dazu ermutigt, Zugang zu ihren Ressourcen zu finden, Neues zu entdecken und mit Bewährtem zu verbinden. Ihr ist ihr Beruf Berufung, sie arbeitet gerne und neugierig mit den Menschen in Seminaren, Inhouse-Schulungen, sowie in Team- und Einzelcoachings.

Möchten Sie Kontakt mit Bettina Stackelberg aufnehmen? Sehr gerne: www.bettinastackelberg.de.

Impressum:

Verlag C. H. Beck im Internet: www.beck.de
ISBN: 978-3-406-63498-7

Wilhelmstraße 9, 80801 München

Lektorat und DTP: Text + Design Jutta Cram, 86157 Augsburg, www.textplusdesign.de
Umschlaggestaltung: Bureau Parapluie, 85253 Großberghofen
Umschlagbild: Olga Lyubkina, Fotolia.com
Druck und Bindung: Beltz Bad Langensalza GmbH, Neustädter Str. 1–4, 99947 Bad Langensalza

Gedruckt auf säurefreiem, alterungsbeständigem Papier
(hergestellt aus chlorfrei gebleichtem Zellstoff)